»GUTER TYP!«

»GUTER TYP!«

EIN GUIDE FÜR MÄNNER MIT STIL

ALEXA VON HEYDEN | SANDRA SEMBURG

KNESEBECK

3
MÄNNER & WOHNEN

4
MÄNNER & TRÄUME

MÄNNER, MODE & IDENTITÄT

Wer glaubt, ein Männermodebuch ließe sich mal so eben aus dem Ärmel schütteln, der irrt. Viele Männer sind, was Mode anbelangt, zurückhaltend. Die Sorge ist groß, man könne oberflächlich wirken, wenn man verrät, welche Art von Jeans oder Schuhen man gern trägt oder dass man vielleicht sogar ein Faible für bunte Socken in Knallfarben hat. Dabei trifft jeder am Morgen eine modische Entscheidung. Auch wenn er im selben T-Shirt zur Arbeit geht, in dem er geschlafen hat.

Nach den ersten Anfragen für dieses Buch gab es viele begeisterte Zusagen, aber auch einige Absagen, die so schnell kamen und so kategorisch waren, dass sie uns zu denken gaben. Nach dem Motto: »Ein Männermodebuch? Damit will ich nichts zu tun haben!« Männer und Mode ist bei weitem kein so selbstverständliches Thema wie Frauen und Mode – vor allem in Deutschland und wenn es um den eigenen Stil geht. Wir sind eben Dichter und Denker, keine Shopper und Styler. Ein Wunschkandidat war sich sicher, dass er nun wirklich kein modisches Vorbild sei. Und gerade er kleidet sich und wohnt so, dass man ihn vom Fleck weg heiraten und bei ihm einziehen möchte. Weil er so unaufgeregt ist, strahlt er eine Coolness aus, die ihn genau zu der Sorte von Mann macht, die wir in diesem Buch vorstellen wollen. Trotzdem wollte er partout nicht mitmachen. Nun ja. Andere Stilbotschafter überlegten lange und fragten dreimal nach, was wir denn vorhätten. Wie genau das Buch aussehen solle? Was wir fotografieren wollten? Welche Fragen gestellt würden? Die Sorge, am Ende als Mode-Fuzzi dazustehen, war groß. Dabei sieht man auf der Straße überall gut gekleidete Männer. Seitdem wir dieses Buch gemacht haben, wissen wir, dass sich der gute Stil der Männer durch alle

Bereiche ihres Lebens zieht. Er betrifft nicht nur ihre Jacke, Jeans und Schuhe, sondern auch das Bücherregal in der Wohnung, die Bilder an der Wand und das Fahrrad im Flur. Und wir wissen jetzt auch, wie viel Freude den Männern das Philosophieren über Mode macht. Es hilft nichts, Deutschland dauernd mit anderen Ländern zu vergleichen, wo es selbstverständlich ist, dass sich Männer einen Kaschmirpullover um die Schultern binden oder wegen des schönen Lichts (siehe Interview Alfons Kaiser, Seite 90) generell mehr Spaß an Farbe zeigen.

Der »deutsche Stil« ist nicht ganz so einfach zu fassen. Aktuell wird er stark von skandinavischen Labels beeinflusst, aber hier und da lassen sich eigene Strömungen festmachen: wenn Männer beispielsweise die Idee des britischen Gentleman mit Elementen deutscher Trachtenmode und amerikanischer Jugendkulturen wie dem Skateboarding remixen. Dem auf die Spur zu kommen macht Freude, weil man genau den Moment erkennt, in dem Mode Männern Spaß zu machen beginnt: und zwar dann, wenn es um Identität geht. Und die ist nun alles andere als oberflächlich. Solche Männer und wie sie ihren persönlichen Stil gefunden haben, wie sie ihn leben, stellen wir in diesem Buch vor (siehe Seiten 11–89). Es geht uns dabei nicht so sehr um Regeln, sondern um Ideen. Vor allem will dieses Buch viele Komplimente machen. Und zwar allen Männern, die uns auf der Straße in ihrem Lieblingspullover, Jeans und Sneakern entgegenkommen und über die wir im Vorbeigehen denken: »Guter Typ!«

MÄNNER
& MODE

1

ANDERS ALS DIE MEISTEN FRAUEN
KÖNNEN MÄNNER DIE MODE
AUSBLENDEN. UND ZWAR WOCHEN-
WENN NICHT SOGAR MONATELANG.
TROTZDEM FINDET IRGENDWANN
JEDER SEINEN STIL – SO WIE
DIE MÄNNER AUF DEN FOLGENDEN
SEITEN!

»MODEKLASSIKER BRAUCHEN EINEN TWIST.«

DR. BILGEN COSKUN, *Berater Marken und Kommunikation, Berlin*

Doppelreiher und Loafer in einen modernen Kontext setzen – dann wirken sie gar nicht spießig. Backenzahn-Hocker von e15.

Guter Wohnstil fängt
bei der Lampe an
und hört beim
Bettbezug auf.

E gal, wen man fragt: Wenn es um Männer mit Stil in Berlin geht, dann fällt immer sein Name. Vielleicht liegt es daran, dass Bilgen Coskun seinen Stil – auch dank des guten Geschmacks seiner Mutter, wie er sagt – schon ziemlich früh gefunden hat. Gerade mal neun Jahre war er alt, als er in einem gestreiften Hemd, einer dunkelblauen Jeansjacke und Dr.-Martens-Boots vor dem Spiegel stand und dachte: »Das gefällt mir.«

Heute bezeichnet Bilgen Coskun seinen Stil als »Urban Chic«, wobei sich dieser städtische Look sowohl auf Berlin als auch auf Istanbul bezieht, da er zwischen der Mulackstraße in Mitte und seiner Dachterrasse mit Blick auf das Goldene Horn und den Galataturm hin- und herpendelt. Guter Stil ist in seinen Augen nicht nur eine Frage der Kleidung, sondern auch von Intelligenz, Intellekt und – Instinkt. Aus unterschiedlichen Richtungen ein harmonisches Ganzes zu machen, ist gar nicht so einfach, da braucht man einfach das richtige Gespür.

Und wie gelingt ihm das? »Ich trage gerne Kleidung, die als Klassiker der Garderobe eines Manns bezeichnet werden. Diese sollten allerdings in einer kreativen Weise neu interpretiert werden«, erklärt Bilgen Coskun, der nicht nur Marken

berät, sondern sein Wissen als Professor an der Istanbul Moda Academy und der Mediadesign Hochschule in Deutschland an die nächste Generation von Kreativen weitergibt. Für ihn treffen Punk-Rock und Raffinesse zusammen, wenn die Loafer keine Leder-, sondern eine Gummisohle haben, wenn der Trenchcoat nicht aus beigefarbener Gabardine, sondern aus einem innovativen Nylonmaterial besteht, die Bomberjacke mit Wildlederapplikationen aufgemotzt wird und das an sich konservative doppelreihige Jackett mit einem fröhlichen Pünktchenstoff gefüttert ist. Am häufigsten findet man in seinem Kleiderschrank jedoch weiße Hemden. »Das weiße Hemd kann man als Leinwand eines Outfits bezeichnen und

Die Minivasen
auf dem Tablett-Tisch
Habibi aus poliertem Messing
von e15 findet man
auf dem Flohmarkt.

Unverwechselbar:
dunkelblaues Jackett
mit Polka-Dot-Futter.

Lounge Chair von Eames,
Hängeleuchte aus Glas von
Bocci. Gute Idee: das Fußteil
vom Sofa zur Bücherablage
umfunktionieren.

Guter Look: Blouson-Jacke, schmale schwarze Hose und zweifarbige Loafer.

STILELEMENTE

Tassel-Loafer,
Designklassiker,
Istanbul–Berlin

Lässiger als ein Aktenkoffer, cooler als jede Messenger Bag: Tragetasche mit kurzen Henkeln aus Leder von Tsatsas.

Für Bilgen Coskun das beste Portemonnaie-Design: Comme des Garçons.

damit in unterschiedlicher Weise spielen.« Bei der Auswahl achtet Bilgen Coskun auf hochwertige Stoffe, gute Passform und smarte Designansätze. Seiner Meinung nach gelingt das Marken und Designern wie Acne, Ayzit Bostan, Balenciaga, Dries van Noten und Prada besonders gut. Unbedingt sollte man außerdem die Namen Jonathan Saunders und Patrik Ervell auf dem Schirm haben. Letzterer stammt aus New York und ist dafür bekannt, bei seinen Kollektionen ungewöhnliche Materialien wie gummibeschichtete Baumwolle, Goldfolie oder den Stoff von Vintage-Fallschirmen zu verwenden.

»LEICHTIGKEIT IST GUTER STIL.«

JOCHEN SCHROPP, *Moderator und Schauspieler, Berlin*

Achtung, Durchsage:
Der Rollkragenpullover
ist zurück – Jochen Schropp
weiß das schon lange.

Wer »Schlips« sagt,
kriegt eins auf die Nuss:
Das ist eine Krawatte.
Und das Palmenmotiv?
Wer die Regeln kennt,
darf sie brechen.

pullover ja eher altbacken, aber dieses Modell ist baggy geschnitten und camelfarben – darin fühle ich mich chic und erwachsen.« Gibt es denn einen Unterschied zwischen dem Mann im Fernsehen und dem privaten Jochen Schropp? »Ja, der Typ im Fernsehen ist einen Tick angepasster. Da spielt mir der Normcore-Trend (Modebegriffe zum Mitreden, Seite 140) gut in die Karten!« Hemd, Jeans und Sneaker oder alternativ Chelsea Boots sind »eine sichere Bank«, wie er sagt. Für den Abend gilt das Gegenteil: Der Dresscode »Black Tie« ist für einen erfahrenen Showhasen wie Jochen Schropp eine Kür. Wenn er auf den roten Teppich geht, trägt er Smoking und kombiniert dazu außergewöhnliche Krawatten oder Schleifen in Weinrot oder Schwarz-Glitzer. »Aber man muss aufpassen, dass es nicht clownig aussieht.« Dieser Mann ist der richtige Kandidat für die brennend heiße Frage: Was ist guter Stil? Die Antwort von Jochen Schropp: »Leichtigkeit. Wenn man sieht, dass sich jemand irre viel Gedanken um sein Outfit macht, interessiert es mich schon nicht mehr.« Wie viele Männer bevorzugt er Kleidungsstücke, die nicht so schnell aus der Mode kommen. Gleiches gilt für die

Ist das nicht der Typ aus dem Fernsehen? Ja, ist er, und wir wollten ihn unbedingt dabeihaben – nicht nur weil er irre gut aussieht und Sneaker-Experte ist. Jochen Schropp beweist, dass Rollkragenpullover keinesfalls auf der »Out-Liste« stehen sollten. Früher hat er auch mal einen Donald-Duck-Strickpullover angezogen und fand's witzig. »Heute mache ich nicht mehr jeden Trend mit. Auch der Nachhaltigkeit halber investiere ich lieber in gute Kleidung.« Zum Beispiel in den eben besagten Rolli von AMI (Die besten Labels, Seite 164). »Eigentlich sind Rollkragen-

Schwarzes Hemd bis oben
zugeknöpft: Jochen Schropp
kann es tragen.

Darth Vader wäre neidisch:
schwarze Uhr mit
Digitalanzeige von Casio.

Einrichtung seines Lofts: Hier stehen Eames Chairs (Designklassiker, Seite 220) und ein großer massiver Holztisch, auf dem Boden liegt ein Seidenteppich von Rug Star in Beeren- und Grüntönen. Nicht viel Mobiliar, aber gemütlich. Während die Wohnung eher reduziert wirkt, ist die Pflegeabteilung vorbildlich gefüllt. Jochen Schropp schwört auf die Serie von Dermalogica. »Ich verwende eine Augencreme für die Haut ab Mitte dreißig, Waschgel gegen ölige Haut und ab und zu eine Vitamin-Maske. Eine gute Bodylotion muss sein. Aber das geht zack, zack! Fünfzehn Minuten, länger brauche ich im Bad nicht.« Seine freie Zeit investiert er lieber in Sport: Jochen Schropp hat einen Personal Trainer, der sich um seine »Discomuskeln« an Oberarm und Brust kümmert, außerdem macht er Yoga und geht gerne joggen. »Das kann man überall machen und lernt so die Stadt besser kennen, in der man gerade ist.«

Die Uniform des modernen
Mannes: Sweatshirt, Jeans,
Sneaker – und Kakteen
sind auch wieder in!

»Heute mache ich nicht mehr
jeden Trend mit. Auch der
Nachhaltigkeit halber investiere
ich lieber in gute Kleidung.«

Sneaker mit Sammler-
wert, Eames Chair,
Rug-Star-Teppich

Karohemd von AMI,

Sneaker von Nike.

Rucksack mit

Camouflage-Muster

von Herschel.

»Gute Turnschuhe werten jedes Outfit auf. Außerdem sind sie praktisch: schnell rein, schnell raus.«

Kork-Look oder klassisch weiß: Sneaker dürfen ruhig auch mal ausgefallen sein.

»STAY WILD – ABER OHNE FUNKTIONSKLEIDUNG.«

FRIDOLIN SCHOEPPER, *Fotograf und Filmemacher, Berlin*

Der Stuhl ist der Chair One von Konstantin Grcic, die Fotos an der Wand zeigen die Großmütter von Fridolin Schoepper und seiner Freundin.

Vintage-Kamera und
Fotobücher: Im besten Fall
verrät das Interieur die
Passionen eines Mannes.

Den Anzug mit 3D-Effekt des dänischen Designers Henrik Vibskov trägt Fridolin Schoepper natürlich nicht jeden Tag. Seine tägliche Uniform sind T-Shirts: »Weiß oder schwarz.« Wenn der Fotograf und Filmemacher – er ist eine Hälfte des angesagten Duos kitty+frido – Ringelshirt trägt, glaubt man einen waschechten Hamburger vor sich zu haben. Dabei wurde Fridolin Schoepper in Duisburg geboren. Wenn dieses Buch erscheint, hat er höchstwahrscheinlich einen beneidenswerten Teint, weil er mit seiner Familie den Winter auf Hawaii verbracht hat. Das sind die Vorzüge der selbständigen Arbeit. Überhaupt macht er das oft: Koffer packen, irgendwohin fahren und drehen, früher auf Tour mit seinen Freunden des Performance-Kollektivs Bonaparte, heute nach Berlin, New York, Kapstadt. Seinen Zivildienst hat Fridolin Schoepper in Griechenland in einem Kindergarten absolviert. Dieser große blonde Kerl umringt von einem Haufen Kinder, das kann man sich gut vorstellen, zumal er unheimlich liebevoll mit seiner Tochter umgeht.

Als wir mit ihm Fahrrad fahren wollen, stehen drei zur Auswahl: ein Stadtrad mit Kindersitz am Lenker, ein italienisches Rennrad und ein Mountainbike. Wir radeln hinter dem Alexanderplatz, verwaiste Plattenbauten und Parkplätze, auf denen die Fahrschulen aus der Umgebung Vollbremsung üben, um die Ecke war früher die Gauck-Behörde. Der Hintergrund für ein Portrait von ihm soll bloß nicht zu sauber oder perfekt sein. Hier trägt Frido einen ganz anderen Look als

Die ganze Familie
liebt Ringelshirts: auch
die kleine Tochter!

den Disco-Suit: Die Militärstiefel von Neil Barrett für Palladium sind schon ein paar Jahre alt, die Hose stammt von der Designerin Anne Schmuhl und ist nach ihm benannt, die Caban-Jacke von dem schwedischen Label Hope, die Sonnenbrille ebenfalls ein Designerstück. Wie er so dasteht mit seinem strengen Scheitel, erinnert Fridolin Schoepper an einen Mann aus der von ihm bevorzugten Zeit zwischen 1910 und 1930. »Nur ästhetisch, nicht politisch natürlich.« Dazu passt auch dieses Schönheitsritual: Alle sechs Wochen lässt er seinen Bart bei dem Berliner Barbier-Salon Wheadon (siehe Seite 184) trimmen. »Wild, aber gepflegt« – das ist sein Motto.

Kunst und Alkohol – das
passt ja immer gut
zusammen: ausgewählte
Spirituosen in der Hausbar,
die Pfeile stammen von dem
New Yorker Künstlerduo
Fredericks & Mae.

Das Zentrum des Familien-
lebens und Spielplatz
für Groß und Klein: ein
gut gepolstertes Sofa.

Der Mann hat gut lachen:
Immerhin wurde eine Hose
nach ihm benannt!

Italienisches Rennrad
statt Kickroller: Ein Mann
definiert sich auch über die Art,
wie er sich fortbewegt.

»Meine Uniform? T-Shirts in Weiß oder Schwarz.«

»MÄNNER MÖCHTEN EIN TYP SEIN.«

HELDER SUFFENPLAN, *Berater, Designer und Publizist, Berlin*

Helder Suffenplan gibt sein Geld besonders gern für Kunst aus. Die Fotografie im Hintergrund ist eine Arbeit von Ingo Mittelstädt.

Statt auf dem Silbertablett
werden diese Düfte auf einer
Scheibe Holz »serviert«.

Helder Suffenplan ist einer der wenigen Männer, wenn nicht sogar der Einzige in diesem Buch, bei dem tatsächlich ein Smoking im Schrank hängt. »Ich habe mir einen Doppelreiher bei meinem Lieblingsschneider in Singapur anfertigen lassen. Da braucht man keinen Kummerbund, sehr praktisch!« An Dresscodes hält er sich, wenn es die Einladungen erfordern. Für ihn ist das eine Frage des Respekts: »Wenn der Gastgeber das möchte – selbstverständlich trage ich dann einen Smoking. Wir alle springen ständig durch verschiedene Welten – da sind solche Bräuche wichtig.« Generell ist Mode in seinen Augen besonders in den Großstädten von Bedeutung, um Leute besser einordnen zu können. Dabei sollte Kleidung immer eine Selbstverständlichkeit, niemals eine Verkleidung sein. Als Lieblingsdesigner nennt er Christophe Lemaire, Haider Ackermann oder Dries van Noten. Dieser exzellente Geschmack wurde in der Kölner Boutique Cittá di Bologna geschärft, die es schon

seit 25 Jahren gibt und in der Helder Suffenplan zu Studienzeiten gearbeitet hat. Ganz schlimm findet er es, wenn Männer Anzug tragen, weil sie müssen. »Dann ist der Anzug nur eine Chiffre.« Zu seinem eigenen Stil: Wir sollen auf keinen Fall schreiben, dass er der »Konsi mit Twist« sei. Und das machen wir auch nicht, denn die Art, wie Helder Suffenplan einen Trachtenjanker aus Samt vom Münchner Traditionslabel von Dörnberg mit derber Jeans, Sonnenbrille und einem Schal aus Burma kombiniert, ist nicht nur ein besonderer Dreh. Das ist eigener Stil live. Das muss man sich im Prenzlauer Berg erstmal trauen! Helder Suffenplan spricht von einem »Remix«, und da der Mann in der Kreativbranche arbeitet, wirkt das Ergebnis virtuos, nie gewollt. Als »Professional Inbetweener« führt er heute ein Interview über Düfte für sein Onlinemagazin Scentury.com, morgen berät er als Kreativdirektor bekannte Magazine und Marken in Sachen Außenwirkung. Das Lieblingsstück in seinem Kleiderschrank ist eine Stone-Island-Jacke, die er vor zwanzig Jahren als Student für 400 Mark im Ausverkauf erworben hat. Für ihn war das damals ein Vermögen. Heute gibt er viel Geld am liebsten für Kunst oder Reisen aus.

Tolles Sweatshirt, oder?
Kaum zu glauben,
aber es stammt von H&M.
Uhr: Rolex.

Braucht jeder Mann:
braune Schuhe (ab und zu
bitte einfetten).

Coffee Table Book
über das Bauhaus und die
ewig schöne Hornbrille.

Orchideen sind dankbare
Blumen und deshalb besonders
geeignet für Männer:
nur 1 x in der Woche gießen.

Trachtenjacke von Susanne
von Dörnberg zu Jeans
und derben Boots –
so geht Stilmix!

Erlesene Düfte,
Trachtenjacke,
Fotokunst

Das Lieblingscafé von
Helder Suffenplan im
Prenzlauer Berg: Hier kann
man herrlich Leute gucken.

»ICH MAG ES NICHT ZU GESTYLT. ICH WILL MICH WOHLFÜHLEN.«

KILIAN HENDRICKS, *Physiotherapeut, Berlin*

Kilian Hendricks
hat immer gute Laune –
nicht nur wegen
seiner schicken Karre.

Billig-Kaufhäuser, Döner-Buden, Burger-Restaurants und – das berüchtigte Fälscher-Lokal (falls Sie mal einen neuen Ausweis brauchen ...) der Stadt – Neukölln ist der Kiez von Kilian Hendricks. Man kann sich vorstellen, was auf der Straße los ist, wenn er seinen orange-gold-metallicfarbenen Mustang aus der Tiefgarage holt. Das dumpfe Grollen ist der V8-Motor mit 500 PS, der unter der Haube des Muscle-Cars aus dem Jahr 1966 steckt. An der Ampel gehen die Daumen hoch, ein Fußgänger applaudiert sogar, als der Wagen anfährt. Die Fotografin auf dem Beifahrersitz bekommt einen Lachanfall und verkündet, dass sie ab sofort auch Autofan sei. Der Oldtimer ist übrigens nur ein Zweitwagen. Kilian Hendricks besitzt außerdem einen Golf GTI, ein Motorrad und ein Sportboot.

Denn dieser Mann ist ein absoluter Sportfreak: Zusammen mit seinem Bruder Jasper und Freunden geht es im Sommer zum Motocross, zum Wakeboarden oder Angeln, im Winter ab in die Berge zum Snowboarden – und zwischendurch: immer mal wieder ein paar Burpees. Wer jetzt glaubt, Kilian Hendricks brauche all das, um sein Ego aufzuwerten oder Frauen zu beeindrucken, der irrt. Sein Herz gehört dem coolsten Mädchen Berlins, und wenn einer genau weiß, wo er steht, dann ist es der gebürtige Berliner. Nach einem schweren Unfall, bei dem er im Alter von 28 Jahren beinahe sein Leben verloren hätte, vergeht heute kein Tag, an dem Kilian Hendricks keine gute Laune hat. »Mir macht das ganze Leben mit guter Laune mehr Spaß. Ich bin gerne fröhlich«, sagt er. »Und das färbt auch voll auf die Leute um mich herum ab!« Auch beruflich geht es bei ihm darum, immer locker zu bleiben: Als Physiotherapeut hilft er in seiner Praxis, verklemmte Nacken einzurenken oder Sportverletzungen zu lindern. Macht sich so einer überhaupt Gedanken über Mode? »Na klar! Aber bei mir muss nicht alles so krass zusammenpassen. Blaue Schuhe zu einem roten Käppi oder eine Fred-Perry-Strickjacke zu Nike-Sneakern statt diesen derben Boots, die jetzt alle tragen – ich mag den Crossover-Mix.«

STILELEMENTE
Pony Car,
Baseballcap,
High-Top-Sneaker

Kids in New York,
2000 – das Bild stammt
von der Fotografin
Martina Pipprich.

Solche Glühbirnen mit dekorativer Vielfachwendel findet man unter dem Stichwort »Rustica«; die Bilder an der Wand sind Do-it-yourself-Kunst mit Rap-Texten von Jay-Z.

Uniform für jeden Tag: T-Shirt, Jeans, Sneaker – damit es nicht langweilig wird, auf bedruckte T-Shirts setzen.

»Ich will mich nicht verkleidet fühlen. Das heißt aber nicht, dass ich nie Anzug trage.«

Sneaker, bis sich
die Balken biegen – am
liebsten Nike und
New Balance.

»DRESSCODES SIND DOCH WUNDERBAR!«

THORSTEN OSTERBERGER, *Redakteur und Stylist, Berlin*

Ein Bild von einem
Mann – und zwar
im Burberry-Trench.
Und auch hier:
keine Socken,
geschweige denn
Füßlinge in den Schuhen.

Wenn sich einer mit schönen Dingen auskennt, dann er: Thorsten Osterberger ist Mode- und Beautyredakteur, Stylist und Bonvivant. Kaum, dass wir die Wohnung betreten haben, knallt in der Küche ein Sektkorken. Der gebürtige Allgäuer ist ein großartiger Gastgeber: charmant, warmherzig und witzig. Er trägt Jackett. »Für euch!«, wie er sagt. »Ich finde es schade, dass so wenige Männer einen Dresscode befolgen. Vor allem, wenn man eingeladen ist oder Besuch bekommt – da kann man sich ruhig chic machen!« Apropos chic – die Wohnung von Thorsten Osterberger ist ein Paradebeispiel dafür, wie schön man es sich machen kann – und zwar unter Einsatz von wenigen, aber

wohlüberlegten Mitteln. So, wenn er sich bei der Wandfarbe für Pudertöne entscheidet und nicht für eine uniforme weiße Raufasertapete, und dann Sofas und Lampen passend dazu aussucht – die stammen übrigens aus einem Onlineshopping-Club und waren gar nicht so teuer, wie sie aussehen. Die Cesca-Stühle von Marcel Breuer stehen auf einem IKEA-Teppich, den Thorsten Osterberger »customized« hat: Aus 2 mach 1. Genialer Trick: Die Heizkörper sind mit weißen Holzpaneelen abgedeckt – ein super Effekt! An den Wänden hängen Zeichnungen auf Zeitungspapier, die dem Hausherrn etwas bedeuten, weil er den Künstler Winston Torr persönlich kennt. Überhaupt gibt es zu jedem Stück in dieser Wohnung eine Geschichte zu erzählen. So stand die große Kommode im Flur – ein Fundstück aus den eBay-Kleinanzeigen – früher in der amerikanischen Botschaft. Das große Bücherregal im Wohnzimmer wurde indes von einem Schreiner nach Maß für Thorsten Osterberger angefertigt. Darauf liegen die Bücher der Illustratorin Kera Till, die er als Agent vertritt. Dezent beleuchtet steht auf dem Tisch ein neuer Duft von Hermès, den er am nächsten Tag fotografieren will. »Noch ein Glas Crémant?«

Der 2097-Kronleuchter
wurde 1958 von Gino Sarfatti
für den italienischen Leuchten-
hersteller Flos entworfen.
Die Bilder stammen von
Winston Torr, der Thonet-
Freischwinger ist ein
Marcel-Breuer-Entwurf,
der Teppich ist IKEA.

Silberschmuck,
Designermöbel vs.
Do-it-yourself,
Herzlichkeit

Tischkultur: eine
hohe Vase mit Gladiolen
und ein antikes Silber-Service.

Schmuck sparsam einsetzen, dann hat er einen Knaller-Effekt. Wie lässig ist bitte ein Siegelring, den man(n) am Mittelfinger trägt?!

Lieblingsbegleiter: abgerockte Mulberry-Tasche – erst mit Patina wirken Designertaschen richtig gut.

»KINDER VERÄNDERN DEN STIL.«

LUKAS JAWORSKI, *Director of Communication und Journalist, Berlin*

Der Look muss sowohl im Büro als auch auf dem Klettergerüst funktionieren: Strickjacke von Comme des Garçons, 25-Gürtel von Trebbow Contemporary.

Unser Treffpunkt ist der Spielplatz im Heinrich-von-Kleist-Park hinter dem Sozialpalast an der Pallasstraße, einem Wohnblock im Ortsteil Berlin-Schöneberg. Früher Musterbeispiel für modernes Wohnen, dann lange ein sozialer Brennpunkt. »Ein Kiez, der auch Hood kann«, sagt Lukas Jaworski. Er liebt das Familienleben im Westen der Stadt, was aber, wie man hier ganz deutlich merkt, nicht zwangsläufig mit gutbürgerlicher Spießigkeit gleichzusetzen ist. Für viele junge Menschen, auch für junge Eltern, machen ja gerade die Brüche den Reiz der Stadt aus. Keine Zeit zum Philoso-

phieren! Jetzt ist Action angesagt: Der kleine Franziskus übt Skateboardfahren und ist in seiner Mini-Röhrenjeans mindestens so cool angezogen wie sein Vater. Zusammen klettern sie auf die Rampe, sammeln allen Mut, und dann schießt der Blondschopf die steile Abfahrt runter. »Papa, komm! Nochmal!« Lukas Jaworski wurde in Kostrzyn in Polen geboren, hat in Passau Jura studiert und arbeitete als Journalist in verschiedenen Redaktionen und Werbeagenturen, bevor er Director of Communication bei einem Start-up-Unternehmen wurde. Sein Stil passt genauso gut in ein Büro wie auf den Spielplatz:

»Seit ich Vater bin, trage ich definitiv mehr Streifen und Ringel.«

Die Moscot-Brille trägt
Lukas Jaworski seit der
elften Klasse – inzwischen
hat sie den dritten Rahmen
und mindestens die
siebten Gläser!

lässig, aber niemals nachlässig. Vor allem die Details sind wichtig. Sie verraten, dass ihr Träger klassische Schnitte bevorzugt, aber voll im Bilde über das Modegeschehen ist – und noch viel wichtiger: dass er Humor hat. Das Herz auf dem Cardigan provoziert Kinderlachen, weil der Aufnäher so gute Laune macht, während Comic-Helden wie Batman und Mickey Mouse das Zifferblatt der Uhr und die Sneaker zieren. Lukas Jaworski selbst beschreibt seinen Stil mit »All is pretty«. Als wichtigsten Stileinfluss nennt er das Vatersein: »Durch Kinder verändert sich der Stil. Ich trage definitiv mehr Streifen und Ringel.«

Batman-Uhr von
Flik Flak, Schuhe: Vans
Authentic x Disney.

STILELEMENTE

Cardigan mit Herz,
Mickey Mouse,
Moscot-Brille

»WIR TRAGEN JEANS, WEIL WIR UNS NICHT NACH JEDEM TREND NEU DEFINIEREN WOLLEN.«

AMÉDÉE & MILEN TILL, *DJs, Künstler und Gastronomen, München*

Zu einer Platte wie
French Kiss von Honesty 69
kann man eigentlich nur
rumknutschen oder tanzen.
Oder beides – willkommen
bei den Tills!

des Lorbeerkranzes für diese Leistung. Dazu tragen sie neuerdings auch mit einem eigenen Laden bei. »Das war ein Traum, schon lange«, sagt Milen Till. Kismet ist im Erdgeschoss ein vegetarisch-orientalisches Restaurant, das von der Gastronomin Sandra Forster betrieben wird, während sich die Tills in der Bar im ersten Stock um »das Image, die Gäste, die Musik und die gute Laune« kümmern. »Wir haben nicht nur eine Musikrichtung, aber wenn wir in einem Club auflegen, dann wollen wir, dass die Leute durchdrehen.« Beide haben die Schule geschmissen und sind durch häufiges Ausgehen in den Job reingerutscht. Sie sind nicht nur Brüder, sondern auch beste Freunde, völlig eins in dem, was

Erstmal Glückwunsch an die Eltern: Milen (»der Anmutige«) und Amédée (»Liebe Gott!«) sind zwei wohlklingende und vor allem rare Jungsnamen. Wenn die Brüder als DJ-Team oder Künstler-Duo auftreten, nennen sie sich allerdings »Kill The Tills«. Den beiden ist nicht nur gelungen, dem Beruf des DJs zu neuem Glanz zu verhelfen, sondern ihre Heimatstadt München aus einer Art Dornröschenschlaf zu wecken, in dem Oliver Kahn der Prinz und die Schickimicki-Disco P1 das Schloss waren. »Neue Helden der Nacht«, schrieb die SZ. Man kann es so sagen: München muss sich – was Clubs und Bars anbelangt – längst nicht mehr hinter Berlin oder Hamburg verstecken, und den Gebrüdern Till gehört ein Teil

Die beste Jeanswerbung? Nein, die Till-Brüder auf dem Weg zur Arbeit.

51

sie machen. Das Ergebnis ist eine sau-coole Ausstrahlung, die sich andere mühsam mit Hilfe von Beratern und Stylisten zusammenbasteln und trotz-dem nicht authentisch wirken. Dabei machen sich auch die Tills Gedanken um ihren Look: »Mode ist uns schon wichtig, aber wir wollen uns nicht nach jedem Trend neu definieren. Wir wollen uns wohlfühlen und nicht lange über-legen – deshalb hat sich das mit dem Jeans-Look so entwickelt. Mittlerweile tragen wir nichts anderes mehr als Levi's.« Die schwarzen Stiefeletten ge-hören Amédée und stammen von A.P.C. und von Manufactum. Die vom nach-haltigen Versandhaus halten aber länger als die der französischen Marken, verrät er. Das Modell »Zizi« aus weißem Zie-genleder von Repetto gehört auch dem Jüngeren. Der Schmutz stört ihn nicht. »Das ist Serge Gainsbourg«, sagt er.

Basics in Perfektion:
Milen Till samt Hut
und Jeans-Kluft.

Bloß nicht waschen:
Jeansjacken dürfen ruhig
ein bisschen speckig sein.

Für Düfte und Hüte gilt:
einen für den Winter,
einen für laue Sommernächte.

In Gedenken an Serge
Gainsbourg: weiße Schuhe
von Repetto, rahmengenähte
Chelsea Boots von
Manufactum und A.P.C.

»Mode ist uns schon wichtig, aber wir wollen uns wohlfühlen und nicht lange überlegen.«

STILELEMENTE

Hüte, Vinyl-Platten,
abgerockte
Schuhe

Sweatshirts von der
Münchner Designerin
Ayzit Bostan.

Der letzte Mann,
der mit Schnauzer so
gut aussah, war Tom Selleck:
Amédée Till.

lottergirls
never say never

Liane

Männer, die Stil haben,
legen Wert auf eine
bequeme Sitzmöglichkeit,
eine Hausbar – und ein
Kuriositätenkabinett!

»WER HALTUNG ZEIGT, KANN ALLES TRAGEN.«

JONAS ROSENBAUER, *Skateboarder, München*

Jonas Rosenbauer
beherrscht nicht nur
Skateboard-Tricks,
sondern auch die hohe Kunst
des Stilbruchs.

Das echte Chanel-Surfboard, das als Deko-Objekt in seinem Zimmer steht, ist ein Geschenk der Luxusmarke. Nachdem er sein Skateboard-Deck mit dem Chanel-Logo besprühte – ein Statement, dass die festgefahrenen Klischees über diesen Sport heute nicht mehr gelten –, stand das Board prompt vor der Tür. Allerdings ist er nur einmal damit in die stehende Welle des Münchner Eisbachs gesprungen. »Das Ding ist viel zu viel wert!«

Was sofort auffällt an Jonas Rosenbauer? Er trägt nicht wie jeder Mann in seinem Alter nur Sneaker, sondern auch mal Loafer mit Troddeln und bunte Socken. Dass er so gerne seine Socken zeigt, ist Folge des Trends, die Hosen hochzukrempeln. »Socken sind echt wichtig. Ich mag vor allem rote.« Skateboarding ist ein Teil seines Lebens, aber kein Diktat. »Wenn ich mit meiner Mutter ausgehe, trage ich auch schon mal ein Poloshirt.« Für Jonas Rosenbauer geht es nicht darum, was man trägt, sondern wie man es trägt. Die Haltung ist entscheidend. »Ein Typ, der

Die Katze heißt Hazel und ist eine Mitbewohnerin in Jonas Rosenbauers WG im Münchner Stadtteil Sendling. »Meinen Rückzugsort« nennt er das Dachgeschoss, Parks und die Isar liegen direkt vor der Tür. Als wir telefonieren, hat er gerade seinen Bachelor-Abschluss in Maschinenbau gemacht. Jetzt will er erst einmal reisen. Erste Station: mit Freunden ins Skateboarder-Mekka Barcelona, wo er gern mehrere Wochen im Jahr verbringt. Danach geht's weiter nach Griechenland. Und dann? Mal schauen. Vielleicht ein bisschen modeln. Die Gelegenheit, um weiter um die Welt zu reisen und viele Leute kennenzulernen.

Hingucker: Loafer mit extravaganten Socken.

Skateboard vs.
T-Shirt-Sammlung.

mit sich selbst im Reinen ist und einen Scheiß darauf gibt, was andere von ihm denken, kann auch ein Vintage-Hemd von Versace mit Lederjacke tragen.« Trotzdem muss man ihn fragen, was in seinen Augen gar nicht geht. Immerhin berät der gebürtige Münchner, der selbstverständlich auch eine Krachlederne besitzt, ein Modemagazin mit großer Auflage in Trendfragen. Er überlegt lange. »Also, ich habe noch keinen Mann gesehen, der in einer schwarzen Rockerlederhose gut aussah.«

Wo man Jonas trifft? In seinem Lieblings-Skateboard-Laden SHRN – Soo Hot Right Now (siehe Seite 172), bei einem Kaffee bei Fräulein Grüneis, im Skatepark auf der Theresienwiese, an einem der Seen in Münchens Umland oder auf einer Wiese im Englischen Garten. Was er da macht? »'ne gute Zeit haben und das Leben genießen.«

»Meinen Stil zu definieren ist schwer, denn er entwickelt sich ständig weiter.«

Baseballcaps dürfen bunt und gemustert sein.

»Am liebsten kaufe ich im Urlaub ein.«

STILELEMENTE
Skateboards,
Kaffee mit Kardamom,
ausgefallene Socken

Im Zweifelsfall die Hose höher krempeln: So kommen Loafer und Socken besser zur Geltung.

»Mein Kumpel und ich schneiden uns aus coolen Stoffen unsere Einstecktücher selber aus.«

»ICH WEISS, WAS ICH TRAGEN KANN, WEIL ICH VIEL AUSPROBIERT HABE.«

SEBASTIAN WARSCHOW, *PR-Director, München*

Auf diesen Schuh können sich fast alle einigen: Adidas Stan Smith, seit 1965 auf dem Markt.

Jeder, der in Deutschland irgendetwas mit Mode zu tun hat, kennt Sebastian Warschow und lobt ausdrücklich die Art, wie er sich kleidet. Den gebürtigen Hamburger als modernen Dandy zu bezeichnen, wäre jedoch zu einfach. Viel zu einfach. Denn kaum ein Mann konnte bei unseren Shoots so schnell in verschiedene Rollen schlüpfen wie er: Zuerst trägt er ganz casual eine Jeans und Pullover, dann einen schmal geschnittenen Anzug von Ben Sherman mit weinroten Monkstraps von Prada. Er selbst beschreibt seinen Look als »suited«, also angezogen – die Zutaten dafür sind Sakko, Einstecktuch, Stoffhosen und Lederschuhe. Klingt einfach, ist es aber nicht. Bei seinem Look geht es nicht nur um die richtigen Labels, sondern um Stoffe, Muster, Farben und immer wieder um Referenzen auf die Design- und Modegeschichte, immerhin hat Sebastian Warschow seinen Magister in Kulturwissenschaften absolviert. Sein Lieblingsduft? »Baudelaire von Byredo.« Was er trägt und wie er es kombiniert: Alles geschieht bei ihm ganz bewusst. Ein blauer Anzug, und dann auch noch aus Cord, zu hellen Lederschuhen? Passt. Ein rosa gestreiftes Hemd zu grünen Hosen und senffarbenem Jackett – ein wunderbares Farbspiel. Diesem Mann steht sogar eine Lederhose, aber sie muss von Firma, einem Berliner Modelabel, sein, das leider inzwischen eingestellt wurde. Dass er so genau weiß, was er gut tragen kann, liegt daran, dass er viel ausprobiert hat. Früher hat er als Fotomodel gearbeitet und ist dafür sogar bis nach Japan gereist. Nach Stationen in Berlin und New York ist er heute in einer führenden Position in einer großen PR-Agentur in München tätig und damit dauernd von Mode umgeben. Gerade in so einem Umfeld sind die Details wichtig: Die klassischen Brogues von Marni trägt Sebastian Warschow zum Beispiel in Dunkelgrün und mit sportlicher Gummi- statt mit handelsüblicher Ledersohle. Das beste Stück in seinem Kleiderschrank? »Mein

Diese Art von Schnallen-Schuhen nennt man Monkstraps bzw. Doppelmonk.

»Mein Haarschnitt? Das war mal ein Razor Faded Pompadour.«

So trägt man einen Anzug: ohne Krawatte. Dafür – sehr italienisch – einen Pullover über dem Hemd.

Dreiklang: Das Muster
der Jacke harmoniert
mit der Pulloverfarbe und dem
Dessin des Einstecktuchs.

En détail:
Vintage-Armbanduhr
und silbernes Feuerzeug
statt Plastikding aus dem
Supermarkt.

grüner Bottega-Veneta-Mantel. Aber auch nur, weil meine Schuhe nicht in den Kleiderschrank passen.« Eine besondere Rolle bei seinem Look spielen Brillen (Accessoires für Männer, Seite 120): Als Muse des Berliner Labels Lunettes (Die große Label-Übersicht, Seite 169), das sich auf Vintage-Brillen und Designklassiker spezialisiert hat, trägt Sebastian Warschow vorzugsweise runde Retrogestelle mit getönten Gläsern, die nicht nur gut zu seinem schmalen Gesicht passen, sondern auch sehr viel Charakter haben. Sein Modell heißt »Jeunesse Toujours«, die Farbe des Frames nennt sich »Olive Amber«. Das ultimative Finish: eine selbstgedrehte Zigarette, die locker im Mundwinkel hängt.

»COOLE MÄNNER MACHEN VERMEINTLICHE FAUXPAS ZU IHREM STIL.«

NORMAN RÖHLIG, *Social-Media-Experte und Journalist, Berlin*

Norman Röhlig in seinem Dachgeschoss, im Hintergrund das PK31-Sofa von Fritz Hansen. Unbezahlbar: morgens in der Sonne zu frühstücken.

Gute Idee: Jeans
an Haken aufhängen –
spart Platz und
bietet Übersicht.

E ine sonnendurchflutete Dach-
geschosswohnung in Berlin-Mitte:
Zur Linken der Blick auf den Fern-
sehturm am Alexanderplatz, zur Rechten
das neue Luxusviertel zwischen Soho
House und Bötzow-Brauerei. Norman
Röhlig steht in Tanktop auf der Terrasse
und ist nicht nur eine Augenweide,
sondern der lebende Beweis dafür, dass
Männer mit Muckis heute nicht mehr
aussehen müssen wie anabolikagetunte
Kraftprotze in Ballonseide. »Stil, Körperbewusstsein, Kosmetik und Lifestyle –
diese Themen haben für Männer ein großes Potenzial«, sagt der Journalist und
Social-Media-Experte. Da für ihn der Körper das schönste Teil eines Outfits ist,
treibt er täglich Sport – und das auch,
weil er den Ausgleich braucht zu seiner
Tätigkeit am Schreibtisch. Seine Firma
RSA MEDIA berät große Firmen wie AXE
Unilever, REVIEW oder den von Peek &
Cloppenburg initiierten Designer-for-
Tomorrow-Award dabei, wie sie am besten
im Netz rüberkommen. Außerdem ist
Norman Röhlig Gründer von i-ref, einer
Kultur-, Lifestyle- und Gesellschaftsweb-

site, in deren Auftrag er die Welt bereist.
Sein Stil muss also zwischen Fitnessstudio
und Flughafen funktionieren – und zwar
ohne den Einsatz eines Bügeleisens.

Norman Röhlig trägt deshalb am liebsten pflegeleichte Sachen, die er sowohl
in seinem Lieblingscafé um die Ecke als
auch am Strand von Curaçao anziehen
kann: Tops oder T-Shirts, Jeans, Baseballkappen. Stilbruch im Winter: der dicke
Wollpullover, ein Souvenir von einer Reise
nach Island. Große Logos sieht man nir-
gends, aber der Kenner weiß, um welches
Paar Turnschuhe es sich an den Füßen
von Norman Röhlig handelt. Als Berliner

STILELEMENTE

Hochgekrempelte
Jeans, Tanktop,
Island-Pullover

Hipster sieht er sich nicht, »sondern als coolen schwulen Mann«. Früher trug der gebürtige Sachse seine Haare bis zu den Hüften und arbeitete als Model. In seiner Heimat war die Frisur der Wahnsinn, erzählt er. Er blieb lange bei diesem Look. »Auf dem Land verändert sich nichts. Da stehen Experimente nicht zur Diskussion.« Erst in Berlin habe er sich gefunden. Ein schöner Mann, innen wie außen, der Sätze sagt wie: »Meine Freunde sind Menschen, die sich ihre Persönlichkeit nicht nehmen lassen« oder »Coole Männer machen vermeintliche Fauxpas zu ihrem Stil – zum Beispiel eine weiße Lederjacke«.

»Ich habe vielleicht zweimal im Leben eine Krawatte getragen. Dresscodes gelten heute nicht mehr. Stil setzt sich darüber hinweg.«

Tanktop tragen – das sieht natürlich nur dann appetitlich aus, wenn man regelmäßig die Eisen stemmt.

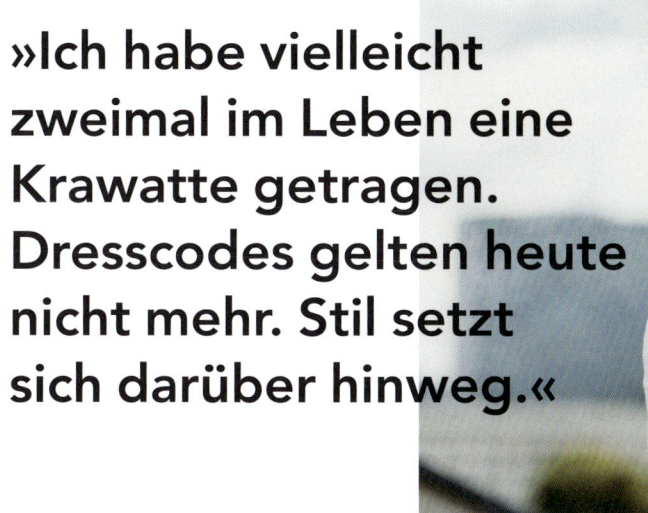

Rucksack statt
Aktentasche – kein Trend,
sondern Lebensgefühl.

»Ich bekomme mehr Komplimente von Frauen als von Männern.«

»Während der Kunstwoche sehen die Leute besser gekleidet aus als während der Fashion Week.«

Schwarz – neben Blau die absolute Männerlieblingsfarbe.

»MEIN STIL? MASKULIN, SCHMUCKLOS.«

OLE TILLMANN, *Moderator und Speaker Coach, Berlin*

So sieht Arbeit heute aus: Ole Tillmann in seinem Workshop-Raum bei PEAK Creative Leadership.

Computer Bag von Filson, glücksbringende Mane-kineko (Winkekatze).

Man kann es sich nur schwer vorstellen, aber als Teenager sah Ole Tillmann wie der Sänger der britischen Techno-Punk-Band The Prodigy aus: an den Seiten abrasierte Haare, Piercings in Augenbrauen und Lippe, dazu Baggy Jeans und ein Skateboard unter dem Arm. Lautes Lachen. Die positive Art von Ole Tillmann wirkt ansteckend. Nach jedem Treffen nimmt man etwas mit, und wenn es nur ist, sich an diesem Tag nicht die gute Laune verderben zu lassen. Der gebürtige Kölner ist Schauspieler und Speaker Coach. Er berät Führungskräfte und Start-up-Unternehmen. Etwa bei der TEDx, der weltweit wichtigsten Ideenkonferenz für Technologie, Entertainment und Design. Man könnte auch sagen, Ole Tillmann ist der Doktor gegen das Lampenfieber. »Tell your Story« steht in großen Lettern auf dem Schaufenster seiner Agentur. Das ist sein Weg: Es geht nicht darum, welches Produkt man verkaufen will, sondern welche Geschichte man er-zählen möchte. Und was erzählt uns sein hellblaues Hemd mit einer Brusttasche aus Kaschmir? »Ich mag Sachen, die auch noch in dreißig Jahren elegant sind.« Tatsächlich passt seine Kleidung zu seinem Lieblingsfortbewegungsmittel: Viktor, dem weißen Fahrrad von Schindelhauer. Wegen Viktor trägt Ole Tillmann einen Rucksack und keine Aktentasche und ist Besitzer eines knielangen Regenponchos der Traditionsfirma Mackintosh. Am Lenker des Fahrrads baumelt ein eidottergelber Helm. Uncool? Nein, konsequent: »Ich kann ja schlecht meinen Kindern vorschreiben, einen Helm zu tragen, und es selber nicht machen.« Ole Tillmann hat zwei Töchter, seine Frau Anita arbeitet in der Modebranche. Morgens vor dem Kleiderschrank geben sich die Tillmanns gern den einen oder anderen Tipp mit auf den Weg. Ob er findet, dass Berlin irgendwie einen besonderen Stil habe? »Jeans, T-Shirt, Sneaker – das ist doch inzwischen der Metropolen-Chic in jeder größeren Stadt.«

»Ich mag Sachen,
die auch noch
in dreißig Jahren
elegant sind.«

Ständige Begleiter: dunkle
Sonnenbrille, Portemonnaie
und gute Ideen.

Sieht einfach immer gut aus: weißes Hemd, dunkelblauer Anzug (Tiger of Sweden), Turnschuhklassiker.

STILELEMENTE

Singlespeed-Fixie,
Computer Bag,
rheinische Frohnatur

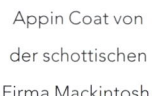

Appin Coat von
der schottischen
Firma Mackintosh.

OLE TILLMANN

»Mein Lifestyle?
Familie, Arbeit, Sport.«

Vom Fortbewegungsmittel
zum Lifestyle-Objekt –
designprämiertes Fahrrad
von Schindelhauer.

»SICH WOHLFÜHLEN IST WICHTIGER, ALS TRENDS ZU FOLGEN.«

VALENTIN VON ARNIM, *Geschäftsführer, Hamburg*

Die neue Generation der CEOs: außen Surferboy, innen Zahlenmensch.

Ein Mann darf auch
mal Fuchsia tragen.

hat seinen Stil geprägt – damals sah er
aus wie ein Surferboy. Von dieser Ausstrahlung hat er wenig verloren. Wenn
man ihm heute in der Hamburger Firmen-
zentrale, einer weißen Villa im bild-
schönen Harvestehude, gegenübersitzt,
hat man nicht das Gefühl, den CEO eines
erfolgreichen Modeunternehmens zu
treffen, sondern einen freiheitsliebenden
Weltenbummler, der sich gleich sein
Brett schnappt und in die Fluten springt.
Das liegt nicht nur an seinen blonden
Haaren und dem Stoppelbart. Valentin
von Arnim hat einen Charakterzug, der in
der Modebranche extrem selten ist: Er
ist nicht eitel. »Mein Stil: lässig, nicht an-
gepasst. Die Jeans nicht zu eng, nicht zu
weit. Ich will mich einfach gut fühlen.«
Was Mode anbelangt, sitzt er dennoch an

Wenn die Mutter als »Kaschmir-
Königin« bezeichnet wird,
dann liegt es nahe, den Sohn
in eine Schublade zu stecken. Tatsächlich
hat sich Valentin von Arnim schon als
Kind nach der Schule bei den Designern
seiner Mutter an den Tisch gesetzt und im
Alter von sechs Jahren seine ersten Pulli-
Kollektionen gemalt. Dann aber wurde
Hockey sein Hobby und er so gut, dass er
in die Nationalmannschaft aufgenommen
wurde. Über Umwege kehrte er schließlich ins Familienunternehmen zurück
und ist seit 2010 Geschäftsführer von Iris
von Arnim. Zuvor hat er in Amerika Kunst-
geschichte und Wirtschaft studiert und
anschließend ein paar Jahre in New York
als Banker gearbeitet. Die Zeit in Amerika

Noch ein Beweis für unsere These: Klassische
Brillen sind die besten.

»Nicht zu laut – das ist typisch Hamburg.«

Lederbank statt Ledercouch: zuhause bei Valentin von Arnim.

Afrikanische Stoffe und Kuscheltier: Stilbrüche sind erlaubt.

der Quelle, und so findet man in seinem Kleiderschrank mehrere Stapel Pullover, die in Nuancen von Fuchsia bis Cassis kaskadieren. »Ich bin ein absoluter Pulli-Mensch.« Jacketts und Anzüge trägt er eher selten, pflegt lieber den Business-Casual-Look. »Den perfekt gestriegelten Mann finde ich uncool.« Auch große Logos oder Statussymbole sucht man bei ihm vergeblich. »Ich glaube, Männer träumen

heute eher davon, acht Wochen mit dem Rucksack durch Südamerika zu reisen, als den Porsche-Schlüssel auf den Tisch zu legen.« Diesen Geist verströmt auch die Einrichtung seiner Wohnung. Kissen aus afrikanischen Stoffen, die Valentin von Arnim auf einem Markt gekauft hat, afghanische und chinesische Truhen vom Trödelmarkt, dazwischen moderne Kunst, New-York-Fotos, eine Krishna-Statue und

die Skateboard-Decks aus der doodah-x-Knoepfel-Indlekofer-Supermodel-Serie – alles gesammelte Einzelstücke, die irgendwie zueinander passen. »Hast du auch was von IKEA?« – »Nicht mehr«, lacht er. Wo man ihn trifft? Überall, wo es nicht so voll und »echt« ist. In seinem Lieblingsrestaurant Vienna zum Beispiel oder bei Spaziergängen in den alten Docks am Hamburger Freihafen zwischen Schiffen und Containern.

Lieblingsteil: Gefilzte

Cabanjacke mit Kapuze.

Keine Angst vor Zopfstrick-
muster: Nur schön kernig
muss es sein!

»ICH TRAGE NIE BEDRUCKTE SACHEN.«

TIMO SUDMANN, *Artdirector, Berlin*

An dem großen Tisch mit Blick auf eine alte Kirche arbeitet Timo Sudmann am liebsten.

Timo Sudmann ist ein Mann, der klare Vorstellungen hat – nicht nur, was seine Arbeit betrifft: Als »kreativer Allrounder« ist er für die visuelle Gestaltung von Marken, Websites und Magazinen verantwortlich. Genauso entschieden ist er, wenn es um seine Kleidung und seinen Wohnstil geht. Vielleicht hat das mit seiner norddeutschen Herkunft zu tun, vielleicht mit dem Designprofessor an der Berliner Universität der Künste, der ihn während seines Studiums geprägt hat, obwohl man sich nicht besonders mochte. Vielleicht aber hängt diese Entschiedenheit auch einfach nur damit zusammen, dass er sich ständig damit beschäftigt, was zusammenpasst und was nicht. So wie der Fotograf Peter Lindbergh, den er vor einigen Jahren bei den Lead Awards in Hamburg kennengelernt hat, will er nicht über seine Kleidung nachdenken. »Wie viele Männer trage ich eine Uniform, die über Jahre feingeschliffen und mittlerweile gut erprobt ist«, erklärt Sudmann. Sein Kleiderschrank funktioniert dabei wie ein Werkzeugkasten: Hemden, Jeans, dunkelblaue Kaschmirpullover, Mützen. Passt. Für den Sommer kauft er Vans nach, ohne sie anzuprobieren, oder ein Jeanshemd von Acne in einem neuen Blauton. Im Winter werden High-Top-Sneaker und eine warme Jacke addiert. »Wenn ich shoppen gehe, weiß ich schon vorher, was ich kaufen werde«, sagt Timo Sudmann. Einen ganz anderen Look fordert indes sein Hobby: das Segeln. »Immer hart am Wind – das ist ein super Ausgleich für mich und ähnelt doch auch meiner Arbeit: bedacht und mit wenigen Mitteln ans Ziel kommen.« So vertrauen seinem Designstil und Durchblick im digitalen Zeitalter internationale Marken wie zum Beispiel das New Yorker Taschen-Label Mansur Gavriel. Er ist verantwortlich für das Branding und den Online-Store der Marke – eine absolute Erfolgsgeschichte. Vor allem für Unternehmen und Start-ups aus dem Mode- und Lifestyle-Bereich gilt sein Studio mittlerweile als eine der ersten Adressen. Ein MacBook, ein schwarzer Filzstift und ein paar Blatt Papier – das ist alles, was der kreative Kopf dahinter zum Arbeiten braucht.

Die cognacfarbene
Bucket Bag von Mansur
Gavriel umfunktioniert
als Blumenvase.

STILELEMENTE

Jeanshemden,
Magazine & Bücher,
frische Blumen

Faible für Buchstaben
und Markenzeichen:
Basecaps.

Wie für T-Shirts gilt auch für
graue Pullover: Immer
auf Qualitätsware setzen.

Gut gefüllte Hausbar:
ein Willkommenssignal
für die Gäste.

High-Top-Sneaker:
Wer sein Modell gefunden
hat, kann sich jede Saison eine
neue Farbe zulegen –
ohne anzuprobieren!

»Wie viele Männer trage ich eine Uniform, die über Jahre feingeschliffen und erprobt ist.«

Mast- und Schotbruch!
Timo Sudmann an seinem
Lieblingsort: die Segelschule
»Große Freiheit« am Wannsee.

»ZU VIEL STIMMIGKEIT IST KITSCH.«

DR. ALFONS KAISER *Redakteur, Frankfurter Allgemeine Zeitung*

Gerade in der Männermode taucht die Frage »Was ist guter Stil?« immer wieder auf. Warum ist es dem Menschen so wichtig, eine Definition für guten Stil zu finden?

Das frage ich mich auch. In vielen Interviews mit Designern findet sich diese Frage. Für mich zeigt sich darin eine große Unsicherheit im Umgang mit sich selbst. Diese Verlegenheit scheint sogar noch zu wachsen, weil im Selfie-Zeitalter die Selbstbespiegelung so wichtig ist, weil an der Stelle alter Kleiderordnungen nun Fragezeichen stehen und weil man heute als Mann mit vielen Rollenerwartungen konfrontiert wird.

Warum sind die deutschen Männer in Sachen Mode so scheu, wenn nicht sogar anti eingestellt, während die Italiener Pullover und Socken in Bonbonfarben tragen? Oder tut man den deutschen Männern total unrecht, wenn man behauptet, dass sie keinen Bock auf Mode haben?

Sagen wir mal so: Langsam haben die deutschen Männer mehr Böcke auf Mode. Die kulturelle Globalisierung, die Vielfalt der Lebensentwürfe und nicht zuletzt die Männerzeitschriften geben dem Mann das Gefühl, mehr Freiheiten denn je zu haben. In Frankfurt sind heutzutage Banker mit rosafarbenen Hemden zu sehen, in unserer Redaktionskonferenz trägt ein Kollege verschiedenfarbige Socken, und braune Schuhe zum blauen

Anzug sind längst Alltag. Im letzten Jahrtausend gab es das alles noch nicht. Das sind also modische Fortschritte. Besser allerdings auch, die Deutschen machen nicht alles mit: In Italien sehen zum Beispiel Farben wegen des Lichts einfach besser aus.

Für welche Modethemen interessieren sich die Leser der FAZ?

Wie die Leser der meisten Medien vor allem für solche Themen, die Klischees bedienen: für dünne Models, alkoholkranke Designer oder Hunde in Designerjäckchen. Ich schreibe aber lieber für die Minderheit unserer Leser und vor allem Leserinnen, die über die wichtigen Trends und Hintergründe aus Paris, Mailand und New York informiert werden wollen.

Letztendlich bedeutet guter Stil doch meist einen klassischen Kleidungsstil. Du hast dich selbst als »nicht gut gekleidet« bezeichnet. Woher kommt das? Und wird das von dir in deinem Job nicht irgendwie erwartet? Jemand, der sich mit Mode beschäftigt, muss doch chic aussehen, oder nicht?

Ich trage Anzüge, weil es erwartet wird. Am Wochenende im Park trage ich Sneaker, Jeans und Hemd. Früher sagte man: »typisch Hetero«. Heute kann ich damit angeben, dass es Normcore ist. Opernkritiker müssen nicht singen können, Modekritiker müssen nicht gut angezogen sein. In der Mode erwirbt man sich mit der Ignoranz in Fragen des persönlichen Stils sogar ein unschätzbares Kapital: Unabhängigkeit. Wie sollte man im Prada-Anzug eine Prada-Schau beurteilen können?

Was wäre in deinen Augen ein gut gekleideter Mann? Was sind die Parameter, an denen du gute Kleidung festmachst?

Stimmigkeit ist wichtig. Ein wachsweiches Wort, das sich aus dem Zusammenspiel von Mode, Mensch, Zeit, Anlass ergibt. Zu viel Stimmigkeit, im letzten Urlaub in Portofino besichtigt, ist Kitsch. Daher gehört auch Unstimmiges dazu. Klingt paradox, ist aber so.

Diese Frage passt zur ersten: Modejournalisten küren immer gerne neue Stilikonen. Wen findest du des Titels einer männlichen Stilikone würdig und warum?

Es wird mir niemand glauben, aber ich mag Bryanboy. Sieht toll aus, kombiniert wild, ist mutig, kann auch klassisch, verbreitet gute Stimmung, lebt den Unisex-Trend. Wenn es um den reiferen Typ geht: Stefano Tonchi und George Clooney.

BASICS FÜR DEN MANN

Es gibt die These, dass das menschliche Gehirn nur hundert Entscheidungen am Tag treffen kann. Eine davon ist jeden Morgen die gleiche: Was soll ich anziehen? Schaffen Sie dieses Dilemma ab, indem Sie Basics festlegen. Denken Sie immer daran: Klamotten, die man jeden Tag trägt, sollten von besonders guter Qualität sein.

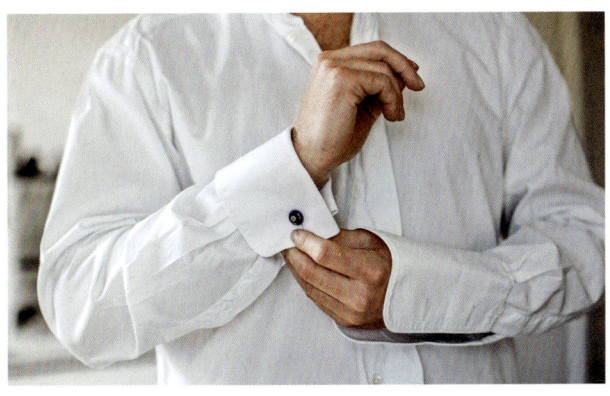

DIE UNTERHOSE

WOZU? Natürlich gibt es Männer, die steigen nackt in ihre Jeans. Früher trugen auch die Mitglieder schottischer Highland-Regimenter unter ihren Röcken nix als die blanke Freiheit. Daher das englische »go commando«, wenn man ohne Unterwäsche aus dem Haus geht. Kann man genau so machen, logo. Männer allerdings stehen auf Frauen in sexy Unterwäsche. Und – jetzt kommt die Überraschung: Andersrum ist es genauso.

AUF WAS MAN ACHTEN SOLLTE: Männerunterwäsche, die im Handel als sexy angepriesen wird, ist meistens schockierend lächerlich. Allein die Vorstellung von einem Kerl in einem Latexhöschen, Elefanten-Rüssel-String oder Po-Push-up-Slip löst – bei Frauen – hysterische Lachanfälle aus. In dem Moment, in dem die Hüllen fallen, sollte der Mann wie ein Mann aussehen und nicht wie ein Kasperl. Ein verwaschener Altherrenslip macht die atemberaubenden Anekdoten, klugen Witze und charmanten Komplimente eines bis dahin schönen Abends schnell zunichte. Wenn Ihre Unterhosen Totenköpfe, Snoopy & Co. oder Weihnachtsmänner zieren, dann tragen Sie diese Buxen mit voller Überzeugung. Ansonsten gilt: Mit schlichten Shorts in Schwarz, Grau oder Buntkariert kann man nicht viel falsch machen. Gerne auch im 5er-Pack.

MARKEN, DIE GUTE UNTERHOSEN HERSTELLEN: Hanro, Schiesser, Sunspel, The White Briefs, Zimmerli of Switzerland

DAS MUSS NICHT UNBEDINGT SEIN: Bauschige Boxershorts aus Polyestersatin. Atmungsaktive Baumwolle ist nicht nur komfortabler, sondern an den entscheidenden Stellen auch hygienischer.

WAS IST AM BESTEN? Graue oder karierte Boxershorts

FÜR KENNER: Weiße Schlüpfer mit Eingriff

DER WEIBLICHE EXPERTE SAGT DAZU:

»Das größte Stilgeheimnis meines Freundes: lange Unterhosen. Seine Kumpels halten ihn zwar für bekloppt, aber nach seiner Logik spart er sich dadurch im Winter eine sichtbare, und womöglich unansehnliche, Lage Kleidung. Macht Sinn.«
Marlene Sørensen,
Journalistin und Bloggerin

Die Boxershorts sind aus dem Kleiderschrank eines Mannes nicht mehr wegzudenken. Erfunden wurden sie übrigens von Jacob Golomb, dem Gründer der Box-Firma Everlast.

Weiße T-Shirts kann man nicht
genug haben – allerdings darf
man keine Kompromisse
machen, was die Qualität
anbelangt. Finger weg von
5-Euro-Schnäppchen!

DAS T-SHIRT

WOZU? Jeder Mann braucht ein T-Shirt. Entweder ist es Teil der täglichen Uniform (siehe Fridolin Schoepper, Seite 23), oder es findet Verwendung im Freizeitlook. Viele Männer sammeln T-Shirts, zum Beispiel mit Skateboard- oder Band-Motiven. Ein weißes T-Shirt unter dem Hemd zu tragen, ist sehr amerikanisch, aber wenn man stark schwitzt eine gute Idee.

AUF WAS MAN ACHTEN SOLLTE:

Das T-Shirt ist ein scheinbar simples Kleidungsstück, aber wie man inzwischen weiß, verlangen gerade die einfachen und alltäglichen Dinge des Lebens nach sehr guter Qualität. Es gibt Männer, die in ihrem T-Shirt schlafen und am nächsten Morgen darin zur Arbeit gehen. Das heißt, so manches Modell ist 24 Stunden im Einsatz, wenn nicht sogar länger. Das Material sollte unbedingt Baumwolle sein, die sich nach dem ersten Waschen nicht gleich in einen Putzlappen verwandelt. Gern kann man beim Kauf auf Ökosiegel achten, denn Baumwolle braucht Pestizide und Bleiche, damit schöne weiße

T-Shirts aus ihr entstehen können. Also lieber keine Billigmarken kaufen. Der Ausschnitt, ob rund oder v-förmig, ist Geschmacksache. Bei den Farben dominieren Weiß, Schwarz, Grau, Hellblau sowie Blauweißgestreift.

MARKEN, DIE GUTE T-SHIRTS MACHEN: American Apparel, Gap, Hess Natur, Merz B. Schwanen

DAS MUSS NICHT UNBEDINGT SEIN: Modelle mit dämlichen Sprüchen (»Sei nett zu mir – ich werde eines Tages dein Chef sein«) oder Erinnerungsstücke an einen legendären Männerurlaub (»Günni – King of Kreta«), sehr tiefe Ausschnitte, Löcher – auch wenn sie keine Motte reingeknabbert, sondern ein Designer extra reingemacht hat.

WAS IST AM BESTEN?

Weißes Baumwoll-T-Shirt mit Rundhals-Ausschnitt

FÜR KENNER: Batik-T-Shirts

DAS HEMD

WOZU? Das Herrenhemd wird vor allem in Büros gern gesehen, wenn es nicht sogar Pflicht ist. Den meisten Männern stehen Hemden ausgezeichnet. Sie sehen mit ihnen gleich viel »angezogener« aus. Man denke nur an den Bundestrainer Joachim Löw, der die deutsche Nationalelf nicht im Trainingsanzug vom Spielfeldrand aus anfeuert, sondern in seinem »Jogihemd« von Strenesse. Seit seinen Auftritten ist Fußball eindeutig weniger prollig.

AUF WAS MAN ACHTEN SOLLTE:
Ein hellblaues Hemd sieht oft lässiger aus als ein schneeweißes, wobei Männer in kreativen Berufen lieber casual Jeans- oder Karohemden tragen. Schließlich haben Businesshemden die fiese Eigenschaft, dass man sie nach dem Tragen waschen und bügeln muss. Der Mann von heute sammelt seine dreckigen Hemden in der großen blauen Tüte des schwedischen Möbelhauses und bringt den Inhalt einmal im Monat zur Reinigung. Das ist zwar schlecht für das Portemonnaie, aber gut für die Beziehung. Taillierte Schnitte sollten nur Typen tragen, die wirklich sehr schlank sind. Maßhemden sind längst kein Oberluxus mehr, sondern

manchmal sogar einfach notwendig. Stichwort: Love Handles. Bei Van Laack bekommt man schon für vierzig Euro Aufpreis ein Hemd nach Maß.

MARKEN, DIE GUTE HEMDEN MACHEN: Die Italiener, vor allem die Schneider aus Napoli, zählen zu den besten Hemdenmachern: Bei Namen wie Canali, Cesare Attolini, Finamore 1925 oder Luigi Borrelli leuchten Connaisseuren die Augen. Auch die Waren, die aus der Londoner Jermyn Street stammen, gelten als besonders gut, ebenso die handgemachten Hemden von Charvet aus Paris.

DAS MUSS NICHT UNBEDINGT SEIN: Kurzärmelige Hemden mit Krawatte und Kugelschreiber in der Brusttasche

WAS IST AM BESTEN? Hellblaues Hemd mit dezenter Musterung, über Kreuz genähten Knöpfen, geteilter Schulterpasse (macht keine Wellen oder Falten), Kragenstäbchen und – für den, der es mag – Umschlag- oder Klappmanschetten für Manschettenknöpfe

FÜR KENNER: Hawaiihemden

DAS SWEATSHIRT

WOZU? Jeder Mann braucht ein graues Sweatshirt. Allein schon für den Fall, dass er Scarlett Johansson kennenlernt. Die sammelt nämlich angeblich graue Sweatshirts, da hätte man also gleich ein Gesprächsthema, und wer weiß – vielleicht wird ja was aus der Geschichte, auch wenn die Schauspielerin vergeben ist. Außerdem halten Sweatshirts mühelos das Lieblingshobby vieler Männer aus: Rumgammeln. Bedruckte Sweatshirts gehören zu den äußerst seltenen Kleidungsstücken, bei denen Männer relativ gefahrlos und vor allem freiwillig Trends mitmachen, da sich nicht der Schnitt, sondern lediglich der Aufdruck oder minimal die Materialzusammensetzung ändert. Die neuen Sweatshirts mit Kaschmiranteil sind ganz was Feines.

AUF WAS MAN ACHTEN SOLLTE: Der Stoff eines guten Sweatshirts darf nicht zu dünn sein, das sieht nicht gut aus. Der klassische Schnitt zeichnet sich durch einen sogenannten »Crew-Neck-Ausschnitt« (rund, wer mag mit kleinem Dreieck vorne am Rand) und Raglanärmel aus, die mehr Bewegungsfreiheit erlauben. Eine Alternative wäre die Sweatshirt-Jacke mit Kapuze (Hoodie).

MARKEN, DIE GUTE SWEATSHIRTS MACHEN: American Apparel, Closed, Kenzo, Wood Wood

DAS MUSS NICHT UNBEDINGT SEIN: Sweatshirts mit Daumenlöchern in den Ärmeln

WAS IST AM BESTEN? College-Sweatshirts aus Vintage-Läden (siehe Adressen, Seite 173)

FÜR KENNER: Ganzkörperanzüge aus Sweatshirt-Stoff, sogenannte »Onesies«

Zugegeben, das ist ein sehr poppiges graues Sweatshirt, aber der Schnitt ist ganz klassisch, ohne Chichi.

Dinge, die ein Mann braucht,
um gut in den Tag zu starten:
Käffchen (oder Tee) und einen
dunkelblauen Pullover.

DER PULLOVER

WOZU? Der Mann denkt praktisch. Wenn kein T-Shirt-Wetter ist, dann ist Pullover-Wetter. Männerpullover üben eine ungeheure Anziehungskraft auf Frauen aus. Wenn sie wirklich verliebt ist, trägt sie seinen Pulli.

AUF WAS MAN ACHTEN SOLLTE:
Wie bei eigentlich allen Dingen, die man käuflich erwirbt, sollte man auch bei Kleidung, bei deren Material und Passform, kompromisslos sein. Außer wenn man sich noch in der Umbauphase zum Erwachsenen, sprich in der Pubertät, befindet und mit seinem Stil experimentieren möchte. Dann ist es o.k., wenn einem diese Maxime erstmal schnurz ist. Woll- und Kaschmirpullover sollte man vor dem Kauf auf links drehen und das Etikett studieren, sonst kann man das Geld gleich zum Fenster rauswerfen. Faustregel: Ein Pullover sollte aus mindestens fünfzig Prozent Naturfasern bestehen. Die Billigpullis sehen im Geschäft gut aus, aber nach einer halben Stunde entwickelt so mancher Kerl einen Geruch unter den Achseln, der den Lebenspartner auf der Couch oder den Sitznachbarn im Flugzeug nach Luft schnappen lässt. Wo wir schon bei Strick sind: Wer Jacketts hasst, kann stattdessen einen Cardigan tragen – viele Männer machen das so.

MARKEN, DIE GUTE PULLOVER MACHEN: Acne, A.P.C., Dries van Noten, Lyle & Scott, J. Crew, Maison Martin Margiela, Marc Jacobs, Uniqlo

DAS MUSS NICHT UNBEDINGT SEIN: Weihnachtspullover mit Elch

WAS IST AM BESTEN? Dunkelblauer Pullover aus Merino- oder Kaschmirwolle. Valentin von Arnim (siehe Seite 78) erklärt, warum die Investition in Kaschmir gerade bei bunten Pullis Sinn macht: »Weil Kaschmir so weich ist und mehr Farbe aufnimmt, haben die Farben viel mehr Leuchtkraft als bei einem Pullover aus Baumwolle oder Merino.«

FÜR KENNER: Pullunder

DIE JACKE

WOZU? Wenn man Männermodebücher und Modezeitschriften studiert, liest man, dass ein Mann eine Lederjacke, einen Nylon-Blouson und eine Jeansjacke braucht. Eine originale MA-1-Bomberjacke wäre auch nicht schlecht, ebenso ein länger geschnittenes Schlechtwettermodell mit Kapuze, falls man mit dem Hund rausmuss oder einem um Mitternacht einfällt, dass man das Auto im Halteverbot geparkt hat. Außerdem sollte eine Auswahl an Mänteln parat hängen, ein Trenchcoat und ein eleganter Blazermantel, der zum Anzug passt. Da ist der Schrank schnell bis oben hin voll, und der/die Mitbewohner/in bekommt schlechte Laune. Fakt ist: Ein Mann braucht eine Jacke, die er gern trägt. Die Suche danach kann zu einer lebenslangen Aufgabe werden. Hat er diese eine – seine – Jacke endlich gefunden, ist es verständlich, dass er ihr über Jahrzehnte hinweg treu bleibt (siehe Helder Suffenplan, Seite 32). Das kann eine speckige Lederjacke sein, die ihrem Träger so lieb ist, dass er ihr einen Namen gibt, oder die hellblaue Jeansjacke, die man schon auf der Abifahrt getragen hat.

AUF WAS MAN ACHTEN SOLLTE: Man sollte sich in einer Jacke niemals verkleidet fühlen, geschweige denn versuchen, ein Statement zu setzen. Am Ende des Tages gilt: Eine Jacke ist eine Jacke ist eine Jacke. Ein gutes Modell wertet selbst das schlichteste T-Shirt auf. Eine Lederjacke oder Jeansjacke ist immer eine sichere Bank. Idealerweise entspricht das Material der Jacke der Klimazone, in der man lebt. Eine Leinenjacke in Moskau oder ein Daunenparka in Kuala Lumpur könnten sich als Fehlkauf entpuppen.

MARKEN, DIE GUTE JACKEN MACHEN: A.P.C., Barbour, Belstaff, Levi's, Penfield, Wood Wood, Woolrich

DAS MUSS NICHT UNBEDINGT SEIN: Fleece-Jacken

WAS IST AM BESTEN? Ehrlich, ein verwaschenes Levi's Trucker Jacket ist richtig toll!

FÜR KENNER: Friesennerz, Poncho

DER ANZUG

WOZU? Der Anzug ist ein Kleidungsstück, das dem Freiheitsdrang vieler Männer widerspricht. Die einen finden ihn spießig und gehen lieber in Jeans zu Omas 80. Geburtstag. Andere stellen sich ihrem Schicksal und machen aus dem Dresscode eine Wissenschaft, indem sie Hemd, Krawatte, Einstecktuch, Manschettenknöpfe, Socken, Gürtel und Schuhe perfekt auf Farbe und Material des Anzugs abstimmen. Oft dient der Anzug der Abgrenzung und die geschmackliche Verfeinerung deutet auf einen Kontostand im Plus hin, wobei es viele Männer gibt, die bluffen. Fest steht: Ein Mann in einem Anzug kann eine besondere Ausstrahlung haben. Denken Sie an Daniel Craig als James Bond in seinem Tom-Ford-Modell. Bei ihm geht es nicht um Förmlichkeit. Sein gut sitzender Anzug ist Sex pur.

AUF WAS MAN ACHTEN SOLLTE: Darauf, dass der Anzug aus Wolle besteht. Dann hat er nämlich einen Selbstreinigungseffekt. Man hängt ihn nach Rauch stinkend und verknittert auf den Balkon oder in die noch feuchtwarme Dusche, ein paar Stunden später ist er wie neu. Allein deshalb müsste der Anzug eigentlich das Lieblingskleidungsstück eines jeden Mannes sein.

MARKEN, DIE GUTE ANZÜGE MACHEN: Zara und Cos bieten günstige Stücke. Wer über mehr Budget verfügt, schaut bei Digel, Boss, Strenesse, Regent oder Windsor. Top of the Pops, Zegna, Brioni oder ein Anzug nach Maß, z.B. von Herr von Eden oder Purwin & Radczun

DAS MUSS NICHT UNBEDINGT SEIN: Ein Anzug aus Leinen, es sei denn, Sie sind Schauspieler und haben die Hauptrolle in einer Serie wie Das Traumhotel ergattert

WAS IST AM BESTEN? Ein dunkelblauer Anzug aus Schurwolle

FÜR KENNER: Cordanzüge

DER WEIBLICHE EXPERTE SAGT DAZU:

»Einer der am besten angezogenen Männer ist Robert Downey Jr. Er trägt oft Anzüge, sieht aber weder seriös noch pseudolocker aus. Er hat eine Art, Anzüge zu tragen, die für mich an Perfektion grenzt. Und das, weil man dem Mann in dem Anzug ansieht, dass er bereits ein paar Dinge in seinem Leben erlebt hat. Ist das nicht der Fall, kann ein Anzug schnell mühsam und unangenehm wirken. Der normale Mann sollte sich einen oder zwei wirklich gute Anzüge besorgen und sein Leben lang auf Anoraks verzichten, und sei es noch so kalt. Dann lieber einen Marlon-Brando-Kaschmirmantel.«

Anne Philippi, Autorin

DIE JEANS

WOZU? Alle lieben Jeans. Ausgenommen Dandys. Die tragen immer nur Fliege und weiße Anzüge. Die Jeans war eine bahnbrechende Erfindung der Menschheit, genauer genommen von Levi Strauss, der die Hose zwar nicht ganz allein erfunden, auf jeden Fall aber als einer der Ersten verkauft hat. In der heutigen Mode ist die Jeans omnipräsent. Man stelle sich einmal vor, es gäbe sie nicht! Sie passt jeden Tag und bei jedem Anlass. O.k., heiraten sollte man in Jeans vielleicht nicht, außer man lebt in Texas und ist von Beruf Rodeoreiter. Für solche Männer gibt es keine Alternative zur Jeans, dabei können auch Chinos (»die Jeans der CEOs«) ziemlich gut aussehen.

AUF WAS MAN ACHTEN SOLLTE: Eine Jeans muss nicht sauber sein, und Hochwasserhosen sind inzwischen salonfähig. Wichtig ist, dass die Jeans einen knackigen Po macht und vorne nichts eingequetscht oder sonderlich betont wird.

MARKEN, DIE GUTE JEANS MACHEN: Es gibt unglaublich viele Jeans-Labels, angefangen von Acne bis zu Levi's oder Weekday. Das Label Nudie bietet einen Reparaturservice für die Lieblingsjeans.

DAS MUSS NICHT UNBEDINGT SEIN: Schlaghosen. Bootcut-Jeans sind out und Girlfriend-Jeans (Skinny Jeans mit Stretchanteil) nur was für Männer ohne Oberschenkelmuskulatur. Legendäre Modelle wie die Diesel-Saddle-Jeans aber lieber erstmal nicht wegschmeißen – die kommen wieder in Mode. Auf jeden Fall auf auffällige Nähte und Waschungen verzichten.

WAS IST AM BESTEN? Eine dunkelblaue Jeans, nicht zu eng, nicht zu weit, ohne irgendwelches Gedöns. Immer schön auf links drehen und vor dem Waschen die Taschentücher aus den Taschen ziehen – sonst gibt es Flusen!

FÜR KENNER: Latzhosen

DER WEIBLICHE EXPERTE SAGT DAZU:

»Ich achte auf Waschung und Kehrseite der Jeans. Taschenabstände sind superwichtig, und bitte nicht zu eng am Po. Ich mag es gern lässig bei Männern. Jeans mit funny Stitchings auf der Tasche oder übertrieben und unnatürlich gewaschene Jeans sind ein No-Go! Mit Raw Denim, am besten Selvedge, macht man nichts falsch und sieht immer gut aus. Das Bein sollte schmal und gerade sein. Tipp: Das Modell Jasper von Closed.«

Sue Giers, PR-Chefin von Closed und Inhaberin der Hamburger Damen-Boutique Linette

Wir haben es in diesem Buch ja nicht so mit historischen Stil-ikonen, tatsächlich war James Dean einer der Ersten, der Sneaker (dt. Schleicher) trug – wie ihm diese Schuhe wohl gefallen hätten?

DER SNEAKER

WOZU? Laut einer aktuellen Umfrage sind Sneaker die Lieblingsschuhe der Deutschen. Tatsächlich muss man sich – ähnlich wie bei der Jeans – fragen, wie die Menschheit wohl überhaupt von der Stelle kommen würde, wenn es heutzutage keine Sneaker gäbe. In Clogs wohl kaum! Sneaker gibt es sowohl von bekannten Sportartikelherstellern als auch von Luxuslabels, sodass für jeden Anlass und Geschmack das passende Paar gefunden werden kann.

AUF WAS MAN ACHTEN SOLLTE: Auf den Geruch beim Ausziehen. Wenn er an Limburger Käse erinnert, muss man die Schuhe unverzüglich wegschmeißen. Ansonsten darf es in der Turnschuhabteilung ruhig ein bisschen auffälliger sein. Viele Männer entwickeln bei Sneakern plötzlich ein Faible für Knallfarben – sogar Pink erscheint im Bereich des Möglichen.

MARKEN, DIE GUTE SNEAKER MACHEN: Balenciaga, Golden Goose, New Balance, Nike, Vans, Saint Laurent

DAS MUSS NICHT UNBEDINGT SEIN: Sneaker aus dem Supermarkt oder superteure Limited Editions

WAS IST AM BESTEN? Sogenannte »Classics«, also Modelle, die über Jahre hinweg erfolgreich sind. Jüngst erlebte das Modell Stan Smith von Adidas ein großes Comeback, unter anderem weil Raf Simons, Modedesigner und Tafelritter des guten Geschmacks, den Tennisschuh gerne trägt. Es zeugt zwar nicht von großer Individualität, wenn alle auf einmal die gleiche Art von Schuh tragen, aber was soll's – der Mensch ist eben ein Herdentier. Ebenfalls als Klassiker gelten: Converse Chuck Taylor All Star, Adidas Gazelle, Superstar oder Samba, Nike Air Max oder Roshe, New Balance Modell 996 oder 557, Vans Classic Slip-On oder Surplus Authentic.

FÜR KENNER: Zehenschuhe, Sneaker mit Klettverschlüssen

DER LEDERSCHUH

WOZU? Den Sneaker kann man zwar im Büro anziehen, sollte man aber nicht immer. Vor allem in Kombination mit einem Anzug wirkt das spätestens ab dreißig verkrampft berufsjugendlich. Ein gutes Paar Lederschuhe wirkt souveräner. Für Männer gibt es nämlich richtig tolle Schuhe, die die ganze Haltung des Trägers sofort verändern. Ähnlich funktioniert das auch bei Frauen und High Heels, wobei die unglaublich unbequem sind – da sind Männer im Vorteil.

AUF WAS MAN ACHTEN SOLLTE: Kunstleder geht gar nicht. Während echtes Leder sich nach längerem Tragen durch eine schöne Patina auszeichnet, bricht Gummileder an den meistbelasteten Stellen und bekommt einen hässlichen stumpfen Glanz. Achtung: Gute Schuhe muss man einlaufen. Dafür gibt es verschiedene Tricks. Manche Männer lassen ihre Schuhe von anderen einlaufen. Das ist Quatsch, denn Füße sind viel zu individuell. Das wäre so, als würde Ihnen jemand das Essen vorkauen. Von Methoden, die Hammer, Franzbranntwein, Spiritus, mit Kartoffeln gefüllte Socken oder sogar Urin einsetzen, sollte man absehen. Man kann den Schuhmacher bitten, die Schuhe etwas zu weiten, oder im Fachhandel ein Lederdehnspray kaufen. Ansonsten empfiehlt es sich, die neuen Schuhe über nicht allzu lange Strecken hinweg immer mal wieder anzuziehen. Kleine Besorgungen ja, Stadtbesichtigung nein.

MARKEN, DIE GUTE SCHUHE MACHEN: Common Projects, Mr Hare, Prada

DAS MUSS NICHT UNBEDINGT SEIN: Karree-Schuhe

WAS IST AM BESTEN? Braune Wildlederschuhe

FÜR KENNER: Lack-Stiefeletten

Auf den ersten Blick
konservativ, aber vielseitiger,
als man denkt: Tassel-Loafer
(Alden) und zweifarbige
Penny-Loafer (ADIEV).

Das Thema
»Accessoires für Männer«
fängt beim Portemonnaie
an – aber hört da noch
lange nicht auf.

ACCESSOIRES FÜR MÄNNER

Der Begriff »Accessoire« ist Französisch
und bedeutet »zusätzlich« oder
»nebensächlich« – aber nebensächlich
sind Geldbörse, Manschettenknöpfe
oder die Uhr nun wahrlich nicht.
Im Gegenteil: Begreifen Sie diese Dinge
als eine Art Mini-Stilbotschafter.

DIE TASCHE

WOZU? Schlüssel, Portemonnaie, Kaugummis, Taschentücher – nicht alles passt in die Hosentaschen. Deshalb benutzen Männer so gern die Handtaschen ihrer Frauen, nach dem Motto »Kannst du das bitte für mich einstecken?«. Wenn man einen Computer mit sich herumschleppt, reicht für kurze Wege ein Laptop-Case. Wer täglich in die Bahn steigt oder viel reist, sollte sich eine eigene Tasche zulegen. Nein, nicht sofort. Irgendwann halt (siehe auch 10 alte vs. 10 neue Klassiker, Seite 157).

AUF WAS MAN ACHTEN SOLLTE:
Frauen reagieren empfindlich auf Männer mit komischen Taschen. Der Schultaschen-Look macht im Zweifelsfall mehr Eindruck als ein über und über mit Logos bestücktes Designermodell.

MARKEN, DIE GUTE TASCHEN MACHEN: Felisi, Filson, Qwstion, PB0110

DAS MUSS NICHT UNBEDINGT SEIN: Tasche aus LKW-Plane oder schwarze Messenger-Tasche von einem Event, an dem man teilgenommen hat – vor allem, wenn es sich dabei um eine stinklangweilige Computermesse handelt

WAS IST AM BESTEN?
Egal, ob Rucksack oder Businesstasche – Hauptsache, das Ding ist nicht zu spießig!

FÜR KENNER: Herrenhandtasche à la Horst Schlämmer

Weil immer mehr Menschen Fahrrad statt Auto fahren, erlebt der Rucksack ein Comeback. Gerne auf eine smarte Variante aus Leder setzen, so wie The Arden von James Castle.

Vom Großvater erben oder vom ersten Gehalt erwerben: Eine Uhr sollte nicht nur ein Original sein, sondern eine Geschichte erzählen.

DIE UHR

WOZU? Uhren braucht man nicht nur, weil man pünktlich sein will. Funktionalität hin oder her – Uhren schmücken Männerarme. In jedem Fall ist das Tragen einer Uhr weitaus eleganter, als ständig auf sein Handydisplay zu gucken. Handaufzug oder Batterie, Leder oder Metall, Anzeigen für Sekunden, Kalender oder Tiefenmesser – das sind Details, mit denen sich Männer stundenlang beschäftigen können.

AUF WAS MAN ACHTEN SOLLTE: Gefakte Uhren sind peinlich, vor allem wenn »Bratling« oder »Polex« auf dem Zifferblatt steht. Man unterstützt damit kriminelle Organisationen, die für Terrorismus, Drogenhandel und Prostitution verantwortlich sind. Deshalb ist der Zoll so streng, wenn man mit einer gefälschten Uhr aus Thailand den dicken Max markieren will. Gefälschte Uhren sind keine Option. Wer sich eine Rolex nicht leisten kann, sollte einfach keine tragen, so einfach ist das. Wenn das Gehalt nur für eine Swatch New Gent reicht, dann ist es halt so.

MARKEN, DIE GUTE UHREN MACHEN: Namen wie Audemars Piguet, Breguet, Patek Philippe oder Richard Mille brauchen Sie sich gar nicht erst zu merken – Uhren von diesen Herstellern kann sich sowieso nur ein Ölscheich leisten. Zu schade, es gibt echt tolle Uhren. Man denke nur an die sächsische Manufaktur A. Lange & Söhne, die zur Spitze der internationalen Feinuhrmacherei zählt, oder an den Briten George Bamford, der aus alten Rolex-Uhren begehrenswerte Unikate macht. Junge und weitaus günstigere Uhrenmarken heißen Daniel Wellington oder Larsson & Jennings. Ebenfalls nicht so teuer, aber schön schlicht sind Junghans-Uhren.

DAS MUSS NICHT UNBEDINGT SEIN: Goldene Uhren mit Diamanten

WAS IST AM BESTEN? Wenn die Uhr vom Großvater oder Vater an die nächste Generation weitergegeben wird

FÜR KENNER: Große bunte Plastikuhren: Weniger ist mehr!

DIE SONNENBRILLE

WOZU? Don Johnson in Miami Vice oder Will Smith und Tommy Lee Jones in Men in Black – man stelle sich diese Typen ohne Sonnenbrille vor. Die ganze Coolness verpufft! Italiener tragen selbst bei Nieselregen Sonnenbrille, es gehört einfach zu ihrem Selbstverständnis als Kerl. Darüber hinaus schützt eine Sonnenbrille vor schädlicher UV-Strahlung und verhindert, dass man ständig die Augen zusammenkneift, als hätte man in eine super saure Zitrone gebissen. Davon bekommt man nämlich Falten. Zwar schaden den meisten Männern ein paar Falten im Gesicht wenig, trotzdem sollte man, wenn irgendwie möglich, die Hautalterung verhindern. Nichts ist schlimmer als ein guter Typ, der im Alter doch noch eitel wird, sich liften lässt und so sein ganzes Gesicht verhunzt (siehe auch 10 + 1 Beauty-Probleme und deren Lösung, Seite 199).

AUF WAS MAN ACHTEN SOLLTE:
Dass die Brille – sei es Sonnen- oder Sichtbrille – ihrem Träger gut steht. Tja, haha – das sagt sich so einfach. Eine professionelle Beratung ist Pflicht: Verdeckt die Brille die Augenbrauen, wie schwer ist sie und an welchen Punkten liegt sie auf der Nase auf? Es ist ratsam, ein Brillengeschäft in Begleitung einer Person zu betreten, die sich traut, ehrlich ihre Meinung zu

sagen. Brillenmoden ändern sich, gerade sind eher die Nerd-Modelle mit dicken Gestellen und großen Gläsern gefragt. Klassiker: Wayfarer von Ray Ban, Lemtosh von Moscot oder die 649 Persol.

MARKEN, DIE GUTE BRILLEN MACHEN: Ace & Tate, L.G.R, Tom Ford, Ray Ban, Retro Super Future

DAS MUSS NICHT UNBEDINGT SEIN: Gefakte Sonnenbrillen ohne UV-Schutz

WAS IST AM BESTEN? Eine Brille aus dunkelbraunem Schildpatt oder Acetat wirkt smart und hat Charakter.

FÜR KENNER: Weiße Sonnenbrillen, silberverspiegelte Pilotenbrillen oder Modelle mit getönten Gläsern

Unter einer »coolen Sonnenbrille« versteht jeder Mann etwas anderes. Wie so oft empfiehlt sich auch hier die Investition in ein eher zeitloses Modell.

Angesichts dieser Schönheit von Strohhut aus der Manufaktur Borsalino kann man nur fassungslos darüber sein, dass der Hut so lange nicht in Mode war – das ändert sich wieder!

DER HUT

WOZU? Früher waren Hüte in Europa ein unentbehrlicher Bestandteil der Ausgehkleidung. Heißt: Ohne Hut ging man nicht vor die Tür. Heute sieht man im Alltag eher Baseballkappen und Wollmützen. Fedora, Trilby oder Panamahut sind selten geworden. Das Problem: Seit dem verrückten Hutmacher in Alice im Wunderland umgibt den Hut die Aura eines Spleens.

AUF WAS MAN ACHTEN SOLLTE: Vor allem bei den Baseballcaps gibt es einen wichtigen Unterschied: Entweder man trägt geschlossen (fitted) oder offen mit verstellbarer Druckknopflasche aus Kunststoff oder Leder (Snapback). Die Fitted Caps haben flache Schirme und werden bevorzugt von Hiphop-Fans getragen. Die offene Variante ist dagegen auch im Sortiment von konservativen Bekleidungsmarken zu finden, gerne mit Logo versehen. Für den Winter gibt es Kappen aus Wolle. Hüte sollten dagegen immer aus Schafwollfilz oder Kaninchenfilz bestehen, die für den Sommer werden aus Toquilla-Stroh geflochten. Zu einem Anzug trägt man immer Hut, niemals eine Mütze.

MARKEN, DIE GUTE KAPPEN & MÜTZEN MACHEN: Kappen von Mitchell & Ness, Hüte von Stetson, Borsalino, Mühlbauer

DAS MUSS NICHT UNBEDINGT SEIN: Die obligatorische New-York-Yankees-Kappe, Schlumpfmützen

WAS IST AM BESTEN? Eine dunkelblaue Kappe oder Mütze sieht immer lässig aus (siehe Stilbotschafter Timo Sudmann, Seite 84). Und wenn Ihnen die Tills (Seite 50) keine Lust auf Hut machen, dann sind wir ehrlich gesagt ratlos.

FÜR KENNER: Bierhelme

DER SCHAL

WOZU? Der Schal wärmt nicht nur den Hals, sondern ist in den letzten Jahren zu dem Männermode-Accessoire schlechthin aufgestiegen. Schlichte Outfits lassen sich mit Schals – wie man so schön sagt – »aufpeppen«, man fügt ihnen eine persönliche Note hinzu. Sogar die klassischen Seidentücher mit Paisleymuster, die man aus den 1960er- und 1970er-Jahren kennt, erleben ein Revival. Allerdings kann ein achtlos gewählter Männerschal, der einzig und allein dazu dient, dem Trend hinterherzulaufen, auch ein komplettes Outfit verhunzen.

AUF WAS MAN ACHTEN SOLLTE:
Auf ein Material, das weder auf der Haut noch in der Nase juckt, und eine Farbe, die nicht nur zum Rest der Garderobe, sondern auch zum Teint und den Augen passt. Also Grau zu blauen Augen oder Braun zu grünen Augen. Entscheidend ist die richtige Wickeltechnik. Ein Männerschal sollte weder wie ein Saunahandtuch im Nacken liegen noch wie ein Verband aussehen. Am besten, man drapiert den Schal mehrmals locker um den Hals, lässt die Enden offen baumeln oder knotet sie an einer Seite zusammen.

Grundvoraussetzung hierfür ist die richtige Länge: zwischen 1 Meter 80 und 2 Meter ist ideal.

MARKEN, DIE SCHÖNE SCHALS UND TÜCHER MACHEN: Paul Smith, Burberry

DAS MUSS NICHT UNBEDINGT SEIN: Pali-Tuch, Loop Scarf

WAS IST AM BESTEN? Schals gehen das ganze Jahr. Im Frühjahr trägt man ein leichtes Modell aus Wolle, im Sommer ein Leinen- oder Baumwollfähnchen (zum Beispiel ein Souvenir aus dem Urlaub), im Herbst einen dunkelblauen oder grauen Kaschmirschal. Im Winter kommt dann der große Strickschal zum Einsatz.

FÜR KENNER: Fan-Schal von der Lieblingsfußball- oder Eishockeymannschaft

Dieses Foto beweist:
Schal sollte man nicht nur
tragen, wenn man Hals-
schmerzen hat, sondern ihn
als Ergänzung eines Outfits
(Jacke von Hien Le) verstehen.

SCHMUCK

WOZU? Schauen Sie sich mal das Bild von Amédée Till auf der gegenüberliegenden Seite an – wie das feine Silberkettchen da so zwischen Hals und Brust glitzert, das ist richtig sexy. Allerdings ist Schmuck für Männer die Königsdisziplin. Ohrringe und Piercings sind Geschmacksache, Armbänder können zu einer Uhr richtig toll aussehen ebenso wie goldene oder silberne ovale Manschettenknöpfe (wahlweise auch mit Steinbesatz) zur Klappmanschette. Eine günstige Alternative sind Seidenknoten.

AUF WAS MAN ACHTEN SOLLTE: Wenn Sie noch minderjährig sind, können Sie eine dicke fette Goldkette mit Dollarzeichen um den Hals legen, klar. Ansonsten sollte Schmuck vor allem echt und dezent sein, sonst wirkt es schnell ordinär. Wenn Sie trotzdem eine Panzerkette tragen wollen, dann gilt es, diese bitte bewusst als Stilmittel einzusetzen.

MARKEN, DIE SCHÖNEN SCHMUCK FÜR MÄNNER MACHEN: Le Gramme, Maison Martin Margiela, Miansai, Patrik Muff, Saskia Diez, Werkstatt:München

DAS MUSS NICHT UNBEDINGT SEIN: Strass, Totenköpfe, Fleur-de-lis-Motiv

WAS IST AM BESTEN? Armband oder Reif aus Silber und/oder Leder, im Sommer ein ausgefranstes Freundschaftsarmband, zum Beispiel von Merci aus Paris

FÜR KENNER: Shamballa-Armbänder, tibetanische Gebetskette, Zehenringe, Krawattenklammer

Mal ehrlich: Sieht diese silberne Ankerkette (von Saskia Diez) am Hals von Amédée Till nicht »Wow!« aus?

Thorsten Osterberger
beweist: Entgegen allen
Vorurteilen können Männer
sehr wohl Schmuck tragen
(Armbänder von Hermès und
Bottega Veneta).

Was man beim Kauf eines
Portemonnaies beachten
sollte? Dass es keinen
Klettverschluss hat und
aus einem derben Leder
besteht – so wie dieses
schicke Teil hier.

DAS PORTEMONNAIE

WOZU? Ein Portemonnaie dient nicht nur der Aufbewahrung von Geld, Kredit- und Versicherungskarten. Es ist ein wichtiger Stilindikator, sowohl bei Frauen als auch bei Männern, und deshalb führt fast jedes bekannte Modelabel eine Reihe von Portemonnaies im Programm.

AUF WAS MAN ACHTEN SOLLTE:
Nicht nur darauf, dass alles, was man so mit sich rumschleppt, hineinpasst, sondern auch auf die hochwertige Verarbeitung. Sprich: kräftiges Leder, klemmfreie Reißverschlüsse oder Druckknöpfe, die sofort festschnappen. Denken Sie daran, dass Sie die Geldbörse jeden Tag in Gebrauch haben. Ein gutes Portemonnaie aus Leder hält drei bis vier Jahre, wenn nicht sogar länger. Am besten ist das Portemonnaie, wenn das Leder schon schön speckig ist.

MARKEN, DIE SCHÖNE GELD-BÖRSEN MACHEN: A.P.C., Bottega Veneta, Comme des Garçons, Marc by Marc Jacobs, Mulberry, Valextra

DAS MUSS NICHT UNBEDINGT SEIN: Ein dickes Portemonnaie, vollgestopft mit Quittungen, Kassenbons und Kleingeld, das wie ein Mühlstein in der hinteren Hosentasche hängt. Wer oft Anzug trägt, sollte über die Anschaffung eines schmalen Kreditkartenetuis nachdenken.

WAS IST AM BESTEN? Rechteckiges Modell aus dunkelbraunem oder schwarzem Glattleder

FÜR KENNER: Brustbeutel

»DER DEUTSCHE IST EHER BEIGE ALS BUNT.«

MARCUS LUFT, *Stellvertretender Chefredakteur und Mode-Chef der GALA*

Marcus, du kennst die internationale Modeszene sehr gut und bist darüber hinaus ein Botschafter des deutschen Stils. Gibt es dieses Klischee vom deutschen Mann in Trecking-sandalen und Brustbeutel um den Hals wirklich noch?

Freut mich, wenn ich als Botschafter für deutschen Stil gesehen werde. Ich gebe mir Mühe. Klar gibt es das Klischee vom Sandalen-Brustbeutel-Deutschen. Andererseits kommen solche Fälle auch in Frankreich oder Italien vor. Dennoch sehe ich zunehmend richtig gut gekleidete deutsche Männer.

Wie bewertest du den Stil der deutschen Männer im Allgemeinen? Gibt es überhaupt so etwas wie einen »deutschen Stil« oder eine bestimmte Art von Mode, die für unsere Männer typisch ist?

Der Deutsche ist eher beige als bunt. Er mag es nicht zu auffallend, legt aber Wert auf gute Materialien und Schnitte. Verzichten sollte er darauf, in der Freizeit »witzig« aussehen zu wollen. Witzig ist man im Gespräch, nicht durch das Aussehen.

Woher kommt denn dieser nostalgisch-konservative Trend zur Herrenkultur, sodass auf einmal alle wieder Einstecktücher tragen?

Ein Trend, den ich gar nicht mag. Ich finde, damit machen sich Männer zu eitlen Gockeln. Mode und Stil können Retroaspekte beinhalten, sollten aber immer nach vorne gerichtet sein. Wir sind ja nicht in einer Neuverfilmung vom Nesthäkchen.

Früher gab es Looks, die Jahrzehnte geprägt haben. Heute ist alles viel diffuser. Was ist dein Gefühl: Was prägt die aktuelle Männermode maßgeblich und zeichnet sie aus?

Wie überall in der Mode beeinflusst der Streetstyle den Stil der Männer schon sehr. Männer werden dadurch mutiger. Sie mixen mehr. Auch wenn es abgedroschen klingt: Man sollte niemals der Mode folgen. Es ist viel wichtiger, dass man seinen Stil verfeinert und sich aus den aktuellen Trends das Passende herauszieht.

Mode ist dein Beruf – was sind die Prunkstücke in deinem Kleiderschrank?

Ich kaufe mir jede Saison ein Statement Piece von Miuccia Prada. Der Blouson aus ihrer Hawaii-Kollektion ist schon ein Kracher.

Wie sieht deine tägliche Uniform aus?

Unterschiedlich. Ich mag vor allem schmal geschnittene Hosen in Hochwasserlänge. Und ich habe das hellblaue Hemd wieder für mich entdeckt.

Was ziehst du an, wenn es etwas zu feiern gibt?

Wenn schon, denn schon. Ich finde, dass ich in meinem maßgeschneiderten Smoking hervorragend aussehe.

Was wäre ein Kompliment, über das du dich wirklich freuen würdest (deine Kleidung betreffend)?

Kürzlich meinte jemand, ich würde einen Touch Glamour nach Hamburg bringen. Das fand ich ganz cool.

MÄNNER UND MODE – EIN PROBLEM

EIN ESSAY

Während des Studiums habe ich im Hamburger Flagship-Store einer großen schwedischen Modekette dreimal die Woche in der Männerabteilung als Aushilfe gejobbt. Das war wie ein Psychologiestudium zum Thema Männer und Mode und hat mich für alle meine späteren Jobs qualifiziert. Ich beobachtete Männer, die aus der Umkleidekabine kamen, an Hemd oder Pullover herumzupften und anschließend Ruderbewegungen und Kniebeugen machten. Wenn keine Naht krachte, sagten sie:

»DAS HEMD NEHM' ICH!, DIE HOSE IST GUT. DANKE, TSCHÜSS!«

und gingen mit der Ware in doppelter Ausführung zur Kasse. Keiner von ihnen, ich schwöre, kein Einziger, hat während seines Einkaufs einmal in den Spiegel geschaut. Keiner ist davor auf und ab gelaufen, hat sich gedreht und gewendet, um zu gucken, ob das Hemd dem Teint schmeichelt oder die Hose einen knackigen Hintern macht. Alle liefen direkt auf mich oder ihre Begleitung zu, um sich unsere Meinung einzuholen. Wenn die nach dem Ruder- und Kniebeugentest ebenfalls positiv ausfiel, stand die Kaufentscheidung fest. Eines Tages stand ein Kunde vor mir, der ein weißes Hemd suchte, das man weder waschen noch bügeln muss.

»EIN WEISSES HEMD, DAS MAN WEDER WASCHEN NOCH BÜGELN MUSS?«,

wiederholte ich ungläubig. Wie kam er auf die Idee, dass so etwas überhaupt existiert? Für einen Moment wusste ich nicht, was ich sagen sollte. Dann verstand ich, warum die Beziehung zwischen Mode und Männern so kompliziert ist. Männer sind bequem, und das kann man ihnen nicht vorwerfen, denn gäbe es ein weißes Hemd, das man nicht waschen und nicht bügeln muss, dann würde ich es auch haben wollen. Aber anders als die meisten Frauen gehen nicht viele Männer als Teenager wöchentlich in die Stadt, um zu shoppen und ihren Stil auszuloten. Was schade ist. Denn wie soll man seinen Stil und damit eine Idee, was die Alternative für ein weißes Hemd, das man nicht waschen und nicht bügeln muss, sein kann, finden, wenn man nie danach sucht?

FÜR MICH IST DIE MODE WIE EINE PIZZA, DIE MAN SELBER BELEGEN DARF.

Klar, man kann sich eine fertige Tiefkühlpizza in den Ofen schieben, aber dann läuft man Gefahr, dass man jahrelang Pizza Salami isst, obwohl einem Parmaschinken und Rucola vielleicht viel besser schmecken würden. Wem der Pizzavergleich jetzt zu doof ist: Mit Müsli mischen funktioniert es auch!

6 ANLÄSSE AUS DEM WAHREN LEBEN UND WAS MAN(N) DAZU ANZIEHEN KANN

Der Spruch »Kleider machen Leute« ist so abgedroschen wie richtig. Tatsächlich werden Sie in entscheidenden Momenten Ihres Lebens nach dem Äußeren bewertet. Verkleiden sollten Sie sich trotzdem nicht!

ERSTES DATE

Das erste Date klingt nach einer unschuldigen Veranstaltung, tatsächlich sind die Erwartungen hier besonders hoch. Das passende Outfit rauszusuchen, ähnelt einem Roulettespiel. Es geht um alles oder nichts. Denn die Frage ist nicht: »Werden wir uns blendend über die Geschichte der Menschheit unterhalten?«, sondern eher: »Werden wir miteinander im Bett landen?«, oder sogar: »Ist das die Frau/der Mann, mit der/dem ich alt werde?« Manchmal reicht ein kleines Detail, um all die flirrende Verliebtheit wie einen Lichtschalter auszuknipsen. Es geht nicht um Pannen wie ein Salatblatt zwischen den Zähnen, sondern um grundsätzliche Dinge wie gute Manieren, Großzügigkeit und ein generell ansprechendes äußeres Erscheinungsbild. Wenn Sie mit einer Stretchlimousine vorfahren und im Nadelstreifenanzug den Galan spielen, könnte es einen Tick zu aufgesetzt wirken. Am besten, man verlegt das erste Date nach draußen und verabredet sich zu einem Spaziergang, bei dem man einen Coffee to go kauft und ungezwungen durch den Park oder am Fluss entlang schlendert. Dafür reicht eine Jeans, ein Pullover oder eine Strickjacke, welche die Farbe Ihrer Augen betonen. Was Sie unbedingt anziehen müssen, sind Ihre Lieblingsschuhe, und seien sie auch so abgerockt wie die Stiefel von Amédée Till (siehe Seite 53). Wer wirklich Interesse hat, wird über so viel Persönlichkeit begeistert sein.

VORSTELLUNGSGESPRÄCH FÜR DEN TRAUMJOB

Da heißt es immer wieder, Dresscodes seien heute nicht mehr so wichtig, und trotzdem gibt es so viele Finessen zu beachten, dass einem schwindelig wird. Das gilt vor allem für ein Vorstellungsgespräch. Bevor Sie lange herumdoktern: Die beste Vorbereitung sieht wie folgt aus. Man legt sich vor dem Büro seiner Träume auf die Lauer, beobachtet die Leute, die während der Mittagspause dort ein und aus gehen, und scannt, welche Art von Kleidung sie tragen. Sogar in kreativen Berufen ist es inzwischen cooler, in einem gebügelten Hemd als in einem verschwitzten T-Shirt aufzutauchen. Beim Anzug wird es schon schwieriger. Tatsächlich ist es gar nicht so einfach, ohne fremde Hilfe ein Modell zu finden, das den Ansprüchen so mancher Branche gerecht wird. Die gute Nachricht: Ein dunkelblauer Zweiteiler aus reiner Schurwolle (Hände weg von Synthetik, die knittert und müffelt), den man sowohl im Sommer als auch im Winter tragen kann, ist die halbe Miete. Dieser Anzug passt bei vielen Gelegenheiten, also zum Vorstellungsgespräch genau wie bei einem Essen oder einer Hochzeit. Wann immer es darum geht, einen Vertrag zu unterschreiben, gilt Hemd plus Krawatte nach wie vor als obligatorisch, vor allem bei Konzernen, Banken, Kanzleien oder Unternehmensberatern. Es gibt Chefs, die sich nicht respektiert fühlen, wenn die Bewerber mit aufgeknöpftem Hemd in ihr Büro hereinspazieren. Auf keinen Fall sollten Sie bei solchen Anlässen zu einer »witzigen« Krawatte greifen, sondern ein dezentes Seidenmodell auswählen. Es gilt: Ein bisschen Mühe kann man sich schon geben.

KENNENLERNEN DER SCHWIEGERELTERN IN SPE

Mehr noch als beim ersten Date geht es beim Kennenlernen etwaiger Schwiegereltern um die richtigen Signale. Wenn dieses Treffen in die Hose geht, dann ist die nächsten Jahre wahrscheinlich Stress angesagt. Einen guten Eindruck macht man mit einem Hemd, Pullover und Stoffhose oder Jeans – alles auf gar keinen Fall zu auffällig, aber unbedingt frisch gewaschen. »Casual« heißt Freizeitkleidung, aber nicht Schlabberlook. Man sollte nicht nach Rauch stinken, und dass die Fingernägel keine schwarzen Ränder haben, ist ja wohl klar. Ratsam ist, sich das Vorzeigen irgendwelcher Statussymbole für einen späteren Zeitpunkt aufzusparen. Wer weiß, wie die Alten so drauf sind. Nachher wird man als Angeber eingestuft, nur weil man Großvaters alte Rolex trägt. Der größte Fauxpas jedoch, den man machen kann, wenn die Eltern zu Besuch kommen, ist, ihnen auf Socken die Tür zu öffnen. Noch schlimmer: Füße in Socken und Adiletten. Ziehen Sie sich unbedingt Schuhe an, oder liegt bei Ihnen überall weißer Teppich aus? Werden einem bei dem Besuch des Elternhauses indes Pantoffeln angeboten, gilt es, diese widerstandslos überzuziehen.

30. GEBURTSTAG

Hüten Sie sich davor, ein Motto oder gar – nur weil Sie jetzt vermeintlich erwachsen werden – einen Dresscode wie »Black Tie« auszurufen. Die meisten ihrer Gäste werden im Vorfeld total gestresst sein und sich fragen, warum in aller Welt sie ihr Kommen überhaupt zugesagt haben. Das Ende vom Lied: Sie stehen auf Ihrer eigenen Party allein auf der Tanzfläche und fühlen sich in Kummerbund und Lackschuhen fehl am Platze. Solange Sie Sir Elton John nicht zu seiner alljährlichen Aids-Gala einlädt, brauchen Sie erstmal keinen Smoking. Kaufen Sie für Ihren Geburtstag lieber einen Haufen Wimpel, Partyhütchen, Sonnenbrillen, Luftschlangenspray, Kunstblut und Juckpulver. Das wird super!

DIE HOCHZEIT IHRES
BESTEN FREUNDES

Auf Modeblogs liest man manchmal »Three is a trend«, heißt: Wenn drei Leute dasselbe tragen, dann ist ein Trend offiziell bestätigt. Fragen Sie Ihren besten Freund, was er zu seiner Hochzeit trägt, und passen Sie Ihren Look dementsprechend an. Wenn er Cutaway (kurz: Cut) trägt, dann tragen Sie auch Cut, und zwar mit allem Pipapo: Weste, gestreifte Stresemann-Hose, Einstecktuch und gegebenenfalls ein Blümlein am Revers. Wenn er Anzug trägt, dann tragen auch Sie Anzug, und wenn er beschließt, in einer weißen Leinentunika »Ja« zu sagen, dann müssen Sie die Zähne zusammenbeißen. Für den Fall, dass der Brautvater dabei mitmacht, ist die Sache wiederum geritzt: Sie haben einen Trend geschaffen!

SIE BEANTRAGEN EINEN KREDIT FÜR IHRE BUSINESS-IDEE BEI IHRER HAUSBANK

Dieser Fall ist eine Mischung aus Vorstellungsgespräch und Schwiegereltern-Kennenlernen. Sie wollen einen guten Eindruck machen, aber auch etwas bekommen. Also brauchen Sie wieder den guten dunkelblauen Anzug, den Sie hoffentlich spätestens jetzt im Schrank hängen haben, ein frisches Hemd und eine Krawatte. Wenn Sie nicht wissen, wie man eine Schleife bindet: Im Internet finden Sie zahllose Video-Tutorials. Vor allem Ihre Schuhe müssen picobello sein. Es gibt sowohl Chefs als auch Banker, die sich während eines Gespräches weder von exzellenten Zeugnissen oder Businessplänen noch von geschliffener Rhetorik beeindrucken lassen, sondern erst, nachdem sie die Schuhe ihres Gegenübers beim Rausgehen heimlich inspiziert haben, eine Entscheidung pro oder contra treffen. Abgelatschte Hacken – heute leider kein Kredit. Schöne Ledersohle – vielleicht wird's ja was.

VON STREETSTYLE BIS SLIP-ON:

12

MODEBEGRIFFE ZUM MITREDEN

1. NORMCORE

(vergleiche: Hardcore) Dieser Trend müsste eigentlich zum Favoriten aller Männer werden, denn dahinter verbirgt sich nicht mehr, als stinknormale Klamotten zu tragen. Ein graues Sweatshirt, eine blaue Jeans, weiße Turnschuhe ohne Logos, Streifen oder irgendwelche Muster. Welche Marke oder welcher Designer ist eigentlich egal.

2. SCHLEIFE

Natürlich kennen Sie das Wort »Schleife«, aber Sie verwenden es vielleicht bislang nur in Zusammenhang mit Geschenken. Männermodeexperten sagen indes »Schleife« statt »Fliege« und »Krawatte« statt »Schlips«.

3. STREETSTYLE

(deutsch: Stil der Straße) Dieser Begriff bezieht sich auf Fotos, die von Leuten auf der Straße im Vorbeigehen geschossen werden. Es ist spannend zu sehen, wie Laufstegtrends im wahren Leben adaptiert werden oder wie es ein Trend von der Straße auf den Laufsteg schafft. Vorreiter aller Streetstyle-Fotografen ist Bill Cunningham von der New York Times. Als der bekannteste Streetstyle-Fotograf gilt der Amerikaner Scott Schuman aka The Sartorialist.

4. HASHTAG

(deutsch: Raute) Ein Schlagwort mit vorangestellter Raute, das auf Twitter oder der Foto-Sharing-App Instagram hilft, Fotos zu bestimmten Themen zu finden. Das geht von eindeutigen Begriffen wie #Fashion, #Karllagerfeld oder #Maennermodebuch bis hin zu findigen Insiderabkürzungen wie #TGIF (Thank God It's Friday), #tbt (Throwback Thursday) oder neuen Lifestyletrends wie #healthgoth. Das Hashtag mit den meisten Ergebnissen ist #love.

5. MATCHY-MATCHY

(englisch: zusammenpassend)
Matchy-matchy sagt man salopp, wenn Schuhe
und Tasche zusammenpassen.

6. MOVEMBER

(Wortschöpfung aus englisch »Moustache« und »November«)
Eine ursprünglich aus Australien stammende Charity-Aktion, die der
Gesundheit von Männern gewidmet ist. Jedes Jahr lassen sich Männer auf
der ganzen Welt im November dreißig Tage einen Schnurrbart wachsen,
um so auf Krankheiten wie Prostatakrebs aufmerksam zu machen und
Spenden für deren Erforschung und für Vorbeugemaßnahmen zu sammeln.
Wer beim Movember mitmacht, ist ein
»Mo Bro«.

7. KIMYE

Abkürzung der amerikanischen Presse für Reality-TV-Star Kim Kardashian
und ihren Mann, den Rapper Kanye West. Wer sich mit Mode beschäftigt,
stolpert zwangsläufig über einen der beiden.

8. VIDE POCHE

(französisch: leere Tasche)
Ablageschale aus Leder für Schlüssel oder Schmuck, macht sich gut auf
einem kleinen Tisch oder einer Kommode im Flur. Vorteil: Die Taschen sind leer,
und man findet am nächsten Morgen alles schnell wieder, wenn man in Eile ist.

9. TOTE BAG

(englisch: Tragetasche; von: to tote – etwas tragen)
Wer auf einem Wunschzettel »Eine Gucci-Tote« liest, soll nicht etwa die
Angestellte eines italienischen Luxuslabels um die Ecke bringen, sondern
eine Tasche mit kurzem Trageriemen kaufen. Inzwischen tragen viele
Männer eine Tote statt einer Messenger Bag.

10. ARTSY

(englisch: künstlerisch, kreativ)
Artsy ist jemand, der an Kunst interessiert ist und das durch seinen
Kleidungsstil ausdrückt. Artsy-fartsy dagegen
meint das Gegenteil – pseudokünstlerisch.

11. FAUX

(französisch: falsch, unecht)
Adjektiv, das in Zusammenhang mit Pelz (Faux Fur) oder Leder
(Faux Leather) verwendet wird und die künstliche,
also unechte Version meint.

12. SLIP-ON

Sneaker zum Reinschlüpfen, anders als der High-Top-Sneaker,
den man auf- und zuschnüren muss, um mit dem Fuß in
den Schuh reinzukommen.

»ICH HOFFE, DASS ICH MEINEN STIL NOCH NICHT GEFUNDEN HABE.«

CARL JAKOB HAUPT, *Autor, Musiker und Modekritiker, www.dandydiary.de*

Jakob, du hast viel gesehen, kommst viel rum und kennst viele Leute: Wo hast du besonders gut angezogene Männer gesehen? Was hatten sie an und was hat dir daran gefallen?

Definitiv London. Dort sitzen die Anzüge besser und glänzen die Schuhe mehr – und man trinkt schon um fünf Uhr ein Bier.

Würdest du sagen, dass du deinen Stil gefunden hast? Was ist dein Stil? Oder findest du, dass die Idee, einen bestimmten Stil zu finden, um ihm treu zu bleiben, überholt ist?

Ich hoffe, dass ich meinen Stil noch nicht gefunden habe. Das wäre ja ziemlich übel, wenn ich in zehn Jahren noch so aussehen würde wie jetzt. Oder wenn ich jetzt noch das anziehen würde, was ich vor zehn Jahren angezogen habe. Wenn man wirklich den Anspruch hat, sein Leben lang einen einheitlichen Look zu tragen, bleibt einem als Mann ja gar nicht so viel anderes übrig, als von Anfang an mit einem maßgeschneiderten Anzug und rahmengenähten Schuhen rumzulaufen. Das kann man nicht wollen. Zumindest nicht mit Anfang zwanzig, mit dreißig – und bitte auch noch nicht mit vierzig. Aber mit ungefähr hundert Jahren noch so rumzulaufen wie zum Beispiel Terry Richardson, der seinen Look wie eine Uniform der nachlässigen Jugendlichkeit trägt, ist natürlich auch keine Option. Das ist albern.

Was zeichnet die Kleidungsstücke und Accessoires aus, die dir gefallen?

Aktuell mag ich meinen goldenen Schmuck, die Ringe, die Uhr und mein Armband sehr gern. Außerdem meine goldene Hamas-Kette, die ich eigentlich immer trage. Bei meiner Kleidung bevorzuge ich Schwarzes – zum einen, weil ich jetzt dreißig bin und mal gelesen habe, dass man sich dann mit Farben eher zurückhalten sollte, und zum anderen, weil ich viel reise, immer wieder schnell packen muss und man bei ausschließlich schwarzer Kleidung nicht falsch kombinieren kann.

Was würdest du einem Mann raten, der Aussehen und Stil verändern will, um cooler zu wirken: Mit was fängt er an? Von was sollte er sich trennen, was unbedingt erwerben?

Trennen muss man sich eigentlich nur von nervigen Frauen, nicht von Kleidung. Die schmeißt man einfach weg. Das ist deutlich unkomplizierter. Ein guter Neuanfang ist ein schlichtes schwarzes T-Shirt. Gute Qualität, nicht zu eng, nicht zu weit. Und eine gut sitzende, gerade geschnittene Jeans ohne jede Auffälligkeit. Das würde bei vielen Männern schon einiges retten. Eine neue Freundin übrigens auch.

Was zeichnet deiner Meinung nach einen »gutaussehenden« Mann aus? Gibt es jemanden, der dich beeindruckt? Und wer ist das Gegenteil von ihm?

Mit gutem Aussehen können mich eigentlich nur Frauen beeindrucken. Bei Männern mag ich Selbstsicherheit, Höflichkeit und das Gegenteil von Kumpelhaftigkeit – was auch immer das ist. In Sachen Kleidung macht Sebastian Warschow, PR-Guru aus München, ziemlich viel richtig: gute Kleiderauswahl, die Hosen nie zu eng, immer eine gute Frisur, nie zu nachlässig, nie zu gewollt (siehe Sebastian Warschow, Seite 62).

Was würdest du dir von deutschen Männern in Sachen Mode wünschen? Von was würdest du sie gerne überzeugen?

Weniger enge Hosen. Da ist der Zenit nun wirklich schon seit Jahren überschritten. Deutsche Männer würde ich außerdem gerne davon überzeugen, ihre Anzüge eher bei Herr von Eden als bei C&A zu kaufen. Dieses Deutschland wäre ein besseres.

ZEHN BERÜHMTE MÄNNER, ZEHN STILLEKTIONEN

Was mehr oder weniger berühmte Leute tragen, interessiert
die meisten Männer nur am Rande. Oft sind ja Stylisten
und nicht der persönliche Geschmack verantwortlich
für den jeweiligen Look. Aber es gibt Ausnahmen,
bei denen ein genauerer Blick auf die Klamotte lohnt.
Hier unsere Favoriten:

1

JACK GUINNESS

Dieser Mann arbeitet als DJ und Model. Wie der Name vermuten lässt, ist er der Erbe einer bekannten irischen Bierbrauerei. Das Leben als Partylöwe kann er sich also leisten, wobei er sehr distinguiert auftritt. Da wird nicht randaliert oder gepöbelt, sondern der Bart geölt und ein schickes Sakko aus dem Schrank geholt. Merke: Wenn man eingeladen ist, kann man sich ruhig in Schale werfen und sollte stets die besten Manieren an den Tag legen.

2

MARK RONSON

Der Musikproduzent ist, was seinen Stil betrifft, ein Erbe von Bryan Ferry, also ein Vorbild in Sachen »Wie trage ich einen Anzug und sehe dabei lässig aus?«. Das Geheimnis: der astreine Sitz. Dann kann man so wie Mark Ronson auch einen Doppelreiher aus dunkelgrünem Satin mit passender Krawatte tragen. Merke: Ein Anzug muss nicht zwangsläufig auf eine Tätigkeit im Finanzgeschäft hinweisen.

3

PHARRELL WILLIAMS

Früher war er Skateboarder und Rapper, heute ist er ein weltbekannter Popstar. Jeder kennt seinen Song »Happy«, aber dass dieser Mann Perlenketten von Chanel trägt, darauf achtet niemand. Alle gucken immer nur auf seinen großen Hut! Merke: In Sachen Männerschmuck gilt: Entweder dezent oder total übertrieben. Im Zweifelsfall die Schmuckschatulle der Freundin plündern.

4

JULIAN SCHNABEL

Der New Yorker Künstler trägt unter seiner Jacke oder dem Jackett immer einen Pyjama. Hugh Hefner trägt Bademantel, Lenny Kravitz Sonnenbrille und Jogi Löw ein tailliertes Hemd. Merke: Eigener Stil ist das, was man konsequent durchzieht.

5

NICK WOOSTER

Weil er in Blogs und auf Modeseiten in den höchsten Tönen für seinen Stil gelobt wird, nennen ihn die amerikanischen Medien »Internet Superhero«. Das Besondere an seinen Outfits sind nicht die graue Haartolle, der gezwirbelte Moustache oder die Anzüge, nein, es sind die Accessoires: Fliege, Sonnenbrille, Slip-On-Sneaker mit Leoparden- oder Tropical-Muster, Manschettenknöpfe, bunte Sicherheitsnadeln, Ansteckblumen aus Leder und seine komplett tätowierten Unterarme – dieser Mann schreckt vor nichts zurück. Merke: Männer, keine Angst vor Accessoires!

6

STEFANO TONCHI

Mit wem könnte man diesen Mann vergleichen, welcher Kategorie könnte man ihn zuordnen? Beides ist unmöglich. Stefano Tonchi ist der Hohepriester des guten Geschmacks. Das hört sich unheimlich geschwollen an, aber der gebürtige Italiener gründete das wegweisende T, The New York Times Style Magazine, und ist heute Chefredakteur der Zeitschrift W. Kurzum: Wenn einer in Sachen Stil Bescheid weiß, dann er. Was ihm ebenfalls bravourös gelingt: Schal tragen. Dabei variiert er sowohl Material (Seide, Wolle) als auch Wickeltechnik. Der Mann ist wie gesagt Italiener, und es wirkt immer so, als habe er sich den Schal einfach so »drübergeworfen«. Merke: Ein schöner Schal passt fast immer.

7

DAVID GANDY

Männermodels sind so etwas wie eine namenlose Herde.
Nach Markus Schenkenberg haben nur wenige erreicht, dass man sich ihren Vor- und Nachnamen merkt. David Gandy reimt sich auf Dandy, und genau hierfür ist er berühmt geworden: als moderner Gentleman. Dabei trägt er teilweise sehr schräge Anzugkombinationen und macht auch nicht vor vermeintlichen Altherrenteilen wie Dreiteiler oder Doppelreiher halt. Darüber hinaus engagiert er sich für wohltätige Zwecke. Merke: Wenn man gut aussieht, ist es langweilig, nur gut auszusehen.

8

DYLAN RIEDER

Dieses schlaksige hübsche Kerlchen ist amerikanischer Profi-Skateboarder. Da denkt man jetzt an blonde Jungs mit Baggy Pants und Kapuzenjacke, aber das ist Dylan Rieder gar nicht. Bis auf seine Prada-Loafer sieht er aus, als habe man ihn gerade aus der Gosse gezogen. Er verströmt eine derart lässige Aura, dass sich sowohl Frauen als auch Männer vor seine Füße werfen. Merke: Von Zeit zu Zeit braucht jede Szene einen Stil-Revoluzzer.

9

ALASDHAIR WILLIS

Vielleicht wissen Sie nicht genau, wie man diesen Namen ausspricht, das macht nichts – merken Sie sich ihn trotzdem. Willis ist ein total cooler Typ, der bislang im Schatten seiner Frau Stella McCartney stand. Seitdem er Chefdesigner der britischen Gummistiefel-Marke Hunter ist, ändert sich das. Sei es enger Rolli, grauer Anzug oder weißes T-Shirt – dieser Mann macht vor, wie man es trägt. Merke: Es ist nie zu spät, eine Stilikone zu werden.

10

DAVID BECKHAM

Vom Flanken- zum Stilgott: David Beckham ist wie seiner Frau Victoria ein erstaunlicher Imagewandel gelungen – und zwar nicht im stillen Kämmerlein, sondern vor dem stets kritischen Auge der Weltöffentlichkeit. Tattoos mit Schreibfehlern sind unter einem Tattoo-Ärmel verschwunden, die Blondier-Creme wurde an den Sohn weitergereicht. Und David Beckham ist inzwischen selbst als Designer tätig, nicht nur für einen schwedischen Moderiesen, sondern auch für seine eigene Linie. Dank jahrelangem Hin-und-her-Rennen auf dem Fußballplatz hat der Brite nicht nur beeindruckend definierte Bauchmuskeln. Er ist ein Mann, der mit zunehmendem Alter immer besser aussieht. So einer kann alles tragen: Seien es Anzüge von Dior Homme oder Ralph Lauren, eine Lederjacke von Belstaff, dazu Jeans von Saint Laurent und mit Motorradöl versaute Boots von Red Wing. Darüber hinaus ist David Beckham immer eine gute Inspiration in Sachen Haarschnitt.

»DRESSCODES SIND WIRKLICH TOLL.«

CHRISTOPH TOPHINKE, *Geschäftsführer des Chelsea Farmer's Club*

Was hältst du von Dresscodes? Wie relevant sind sie heutzutage wirklich noch?

Dresscodes sind wirklich toll. Denn sie machen das Leben einfach und lassen einen sich auf das Wesentliche einer Party konzentrieren: auf volle Gläser und gute Gespräche.

Wann muss ich mich auf jeden Fall an das halten, was auf der Einladungskarte steht, und wann kann ich mich locker machen?

Es ist doch ganz simpel: Wünscht sich der Gastgeber einen Dresscode, halte ich mich gefälligst auch daran. Steht da nix, geht auch die goldene Badehose mit Pudelmütze.

Wenn »Black Tie« auf der Karte steht, ich aber keine Lust auf Smoking habe, weil das nicht so meins ist, oder ich keine Lust habe, mir einen auszuleihen – was wäre dann eine Alternative, damit ich nicht rausgeschmissen werde?

Zuhause bleiben und die Wohnung aufräumen.

Was wäre ein Kompliment, deine Kleidung, deinen Stil betreffend, über das du dich als Mann freuen würdest?

Wenn jemand auf der Straße an mir vorbeigeht und sich erst nach zehn Metern umdreht, um sicherzugehen, was da gerade vorbeigelaufen ist.

Du als Betreiber eines Männermodeladens bist ganz nah dran: Was wollen Männer heute wirklich tragen? In welcher Art von Kleidung fühlen sie sich am wohlsten?

Für unsere Kunden hat Mode keine Relevanz. Sehr wohl aber ordentlich geschnittene Anzüge, produziert mit handwerklicher Qualität. Leute, die sich hingegen stundenlang über rahmengenähte Schuhe oder Maßhemden unterhalten, sind zu neunzig Prozent langweilig, haben keine Freunde und können nicht kochen.

Wer ist für dich die coolste Socke aller Zeiten, also eine echte Stilikone, und warum?

Das ist zu kompliziert und kann nicht durch eine Person abgedeckt werden. Ich würde meinen, das ist ein Rührpudding aus Harald Glööckler, Simon LeBon, John Cleese, dem Wendler und der Sugar Hill Gang.

JUGENDSÜNDEN

EIN ESSAY

Seien es silberne Creolen im Ohr, Nicki-Pullover oder blondierte Haarspitzen:

WAS WÄREN WIR OHNE UNSERE MODISCHEN FEHL-TRITTE IN JUGENDZEITEN?

Man denke nur an Ole Tillmann (siehe Seite 72), der früher angeblich wie der Sänger von The Prodigy aussah. Skateboarder, Hiphopper, Punk – in der Jugend geht es darum auszuflippen. Das sollte man auch. Denn wenn man jung ist, kann man nur mit neuen Klamotten das machen, von dem man als Erwachsener ständig träumt: von einem auf den anderen Tag sein Leben ändern. Einer meiner Brüder war als junger Mann Besitzer einer weißen Röhrenjeans mit schwarzem Leopardenmuster. Dazu trug er Springerstiefel und ein Sweatshirt mit Greenpeace-Regenbogen-Aufnäher. Er war halb Punk, halb Tierschützer. In dem Dorf, in dem unsere Familie damals lebte, war sein Outfit der Schocker. Die älteren Damen an der Bushaltestelle hatten Angst, dieser Knilch könnte ihnen die Handtasche stehlen.

HEUTE IST MEIN BRUDER JURIST UND IMMER SEHR AKKURAT GEKLEIDET.

Die Geschichte mit der Leo-Jeans ist ihm immer ein bisschen peinlich, aber letztendlich ist er stolz darauf, dass er auch mal so verrückt aussah. Viel schlimmer wäre es doch, wenn er ein totaler Langweiler gewesen wäre. Eigentlich jeder Typ, der heute als Stilikone gefeiert wird, hat so eine Geschichte auf Lager. George Clooney trug als kleiner Junge Topfschnitt und Streberbrille,

Justin Timberlake schrieb Modegeschichte, als er 2001 bei den American Music Awards zusammen mit seiner damaligen Freundin Britney Spears von Kopf bis Fuß im Jeans-Cowboy-Look über den roten Teppich schritt. Sogar der Hut war aus Jeans! David und Victoria Beckham ist das Gleiche mit einem Partnerlook in schwarzem Leder passiert. Heute sind sie alle gefeierte Modestars.

DAS GUTE AN JUGENDSÜNDEN IST: SIE VERJÄHREN.

ZEHN ALTE VERSUS ZEHN NEUE KLASSIKER

Die allseits beliebte und viel zitierte Regel, dass man
ab einem bestimmten Alter (sagen wir mal 25) den
Kleiderschrank ausschließlich mit hochwertigen Klassikern
statt kurzlebigen Trendteilen füllen sollte, hat nach
wie vor Gültigkeit. Allerdings verändert sich kaum etwas
so rasant wie die Mode, und so manches vermeintliche
Evergreen-Teil wirkt plötzlich nicht mehr ganz taufrisch,
wenn nicht sogar angestaubt. Oft reicht es dann schon,
nach dem gleichen Teil aus einem anderen
Material Ausschau zu halten.

1

KLASSISCHES HEMD VS. JEANSHEMD

Ein weißes oder hellblaues Hemd, egal ob mit lässigem Button-down- oder formalem Kent-Kragen, sollte jeder Mann besitzen. Im Alltag erweist sich darüber hinaus ein nicht zu weites Jeanshemd mit hübschen Druckknöpfen als Multitalent. Entweder zur Jeans – dabei unbedingt auf verschiedene Waschungen von Hemd und Hose achten, sonst sieht man aus wie Robert Redford in Der Pferdeflüsterer – oder zur Stoffhose egal in welcher Farbe tragen. Jeanshemd zum Anzug? Warum nicht! Gleiches gilt übrigens auch für geringelte T-Shirts.

2

TRENCHCOAT VS. PARKA

Der Trenchcoat wird in jedem Männermodebuch als der Stilklassiker schlechthin angepriesen. Tatsächlich sehen viele Männer in Trenchcoat aus wie Inspektor Clouseau, also wie aus einem 1970er-Jahre-Film entsprungen. Nicht jeder kann diese Art von Mantel tragen, vor allem Männern mit Bauchansatz steht so ein Doppelreiher mit Taillengürtel gar nicht. (Kennen Sie den Witz? Treffen sich eine Null und eine Acht. Sagt die Null zur Acht: »Schicker Gürtel!«) Es sei denn, man trägt den Trenchcoat offen, was spätestens im Herbst schwierig wird und die Idee eines Mantels ad absurdum führt, denn er soll ja wärmen und nicht um die Ohren wehen. Deshalb fällt auch heutzutage keiner mehr in Ohnmacht, wenn man im deutschen Winter und bei Temperaturen unter dem Gefrierpunkt einen Parka über dem Anzug trägt. Es muss ja nicht gleich ein olivfarbenes Original mit weißem Fellfutter aus dem Army-Shop sein. Schwarze oder dunkelblaue Parkas sind ziemlich unauffällig. Mittlerweile gibt es sogar elegante Parka-Varianten aus Wolle oder Kaschmir und durchaus passabel aussehende Daunenmäntel für Herren.

3

TWEEDJACKETT VS. STRICKSAKKO

In einem Jackett kann ein Mann richtig, richtig gut aussehen – oder richtig, richtig schlecht. Selbst die vermeintlichen »klassischen« Schnitte können nach ein paar Jahren aus der Mode kommen. Die Schultern wirken auf einmal zu breit, die Ärmel zu kurz und das Rückenteil viel zu lang. Die Strickjacke ist ein schönes Zwischending, um solchen Problemen aus dem Weg zu gehen. Das Hemd sieht darunter nicht so nackt aus, was im Büro sicher gut ankommt. Mittlerweile gibt es Stricksakkos, die wie ein Jackett geschnitten sind, jedoch viel lässiger fallen. Darunter kann man ein Hemd, ein Jeanshemd oder ein T-Shirt tragen. Klar, das ist nichts für eine ultrakonservative Kanzlei oder Unternehmensberatung – aber für jeden anderen Job, ein Essen mit Freunden oder das erste Mal Kaffeetrinken bei den Schwiegereltern (6 Anlässe aus dem wahren Leben, siehe Seite 137) ist so eine Jacke eine angemessene Kleiderwahl.

4

TASSEL-LOAFER VS. SLIP-ON-SNEAKER

Beide Schuhe sind für Männer per se eine Herrlichkeit, weil man nicht lange an den Schnürsenkeln herumfummeln muss. Vor allem der Slip-On-Sneaker ist aus der Mode kaum mehr wegzudenken und macht sich sowohl zu Jeans als auch zu formeller Kleidung, sagen wir einem leichten Anzug im Sommer, gut. Der Tassel-Loafer wird interessanter, wenn man ihn aus seinem klassischen Kontext nimmt und ihn zum Beispiel zu knallbunten Socken kombiniert. Jonas Rosenbauer (siehe Seite 57) gelingt dieser Stilbruch vortrefflich.

5

AKTENTASCHE VS. RUCKSACK

Eine schwarze Aktentasche wirkt unheimlich seriös und gehört deshalb zu den Insignien des Office Chic. Tatsächlich erweist sie sich aber früher oder später als echte Nervensäge. Wer den ganzen Tag seinen Computer und wichtige Unterlagen mit sich herumschleppen muss, spart sich glatt das Hanteltraining. Auf Dauer macht eine prall gefüllte Aktentasche nicht nur schlechte Laune, sondern verursacht auch Rückenschmerzen, abgesehen davon, dass man ständig fürchtet, sie in der U-Bahn oder im Fahrradkorb stehen zu lassen. Lange Trageriemen sind auch keine Lösung. Ein an sich gut angezogener Mann am Bahnsteig wirkt so schnell wie ein Schuldirektor. Wer wirklich viel unterwegs ist, sollte entweder sein Gepäck reduzieren oder die Tasche wechseln. Die neue Generation von Aktentaschen heißt Office Bag oder Business Bag, wird nicht mehr ausschließlich aus schwarzem Leder gearbeitet und trägt sich dank ihres Mix aus Leder, Nylon und Canvas nicht nur besser, sondern sieht auch leichter aus.

6

TROLLEY VS. WEEKENDER

Dieser Absatz widerspricht eigentlich dem Artikel Aktentasche vs. Rucksack, aber so ist das in der Mode: Logisch ist hier nie was. Ein Rollkoffer ist definitiv praktisch, aber ein Mann, der ihn hinter sich her zieht, wirkt nicht besonders männlich, vor allem, wenn es sich dabei um eines dieser Modelle handelt, die sich im Kreis drehen lassen oder bei dem die Rollen quietschen wie ein Stall Meerschweinchen. Wahrscheinlich ist es das Klischee des Matrosen mit seinem großen Seesack, das immer noch in unseren Köpfen herumgeistert, aber eine Weekender-Tasche, in der T-Shirts und Boxershorts kreuz und quer fliegen, wirkt hundertmal sexyer als ein perfekt gepacktes Rollköfferchen. Oder?

7

BOOTCUT VS. SKINNY JEANS

Nicht nur die Bootcut-Jeans ist out. Auf der modischen Intensivstation liegen ebenso Baggy, Biker, Cargo, Karotte, Latz- und Lederhose und warten auf ihre Wiederbelebung. Wenn man sich in der Hosenabteilung umschaut, geht der Trend, egal ob Jeans, Anzughose oder Chino, hin zu den schmalen, geraden Schnitten. Die Bezeichnung »Skinny« ist da nicht hundertprozentig treffend. Es müsste »eher Skinny« heißen, denn der Markt wird von Slim Fit Jeans dominiert, wohingegen wirklich knallenge Jeans gar nicht als Modeklassiker taugen (siehe Die Jeans, Seite 108).

8

LUXUSUHR VS. DESIGNERUHR

Statussymbole wie eine Cartier Tank oder Rolex Oyster Perpetual sind zwar nach wie vor begehrt, bekommen aber Konkurrenz von neuen Uhrendesigns. Irgendwie ist es ja auch unanständig, wenn man noch jung ist, aber schon die gleiche Uhr wie der Vater nach vierzig Berufsjahren am Handgelenk trägt. Erbstücke sind natürlich die Ausnahme, aber wer darauf keine Aussicht hat, ist mit einer Designeruhr ebenfalls gut beraten. In letzter Zeit drängen mehr und mehr Uhren von Labels wie Daniel Wellington oder Larsson & Jennings auf den Markt, deren Preislage nicht der eines Kleinwagens entspricht, sondern eher der eines Zugtickets. Darüber hinaus setzen auch die bekannten Marken aus dem Kaufhaus verstärkt auf zeitlose Optik, bei der Logo und Name in den Hintergrund rücken.

9

EDELFÜLLER VS. RE-EDITION

Abgesehen davon, dass es wie bei den Uhren auch hier sehr teure Modelle gibt, ist das Schreiben mit der Hand etwas, was auf gar keinen Fall ins Hintertreffen geraten darf. Eine handgeschriebene Karte beweist weit mehr Stil als eine SMS. Warum? Weil man sich dafür Zeit nimmt und dem Empfänger so ein Gefühl der Wertschätzung gibt. Auch Verträge sollte man immer mit Tinte und nicht mit einem Kuli von der Sparkasse unterschreiben. Wie der Federhalter letztendlich aussieht, ist egal. Hauptsache, er liegt gut in der Hand und es macht Spaß, damit zu schreiben. Welches Utensil eignet sich dafür besser als der Füller, den man während seiner Schulzeit täglich in Gebrauch hatte? Wer sein altes Stück nicht mehr findet – viele Hersteller haben den Trend erkannt und bieten Neuauflagen von allseits beliebten Schreibgeräten wie etwa dem Lamy Safari an.

10

FEUERZEUG VS. E-ZIGARETTE

Zigarettenrauchen ist out. Jetzt lutschen die Leute alle an etwas, das aussieht wie ein überdimensionaler Zauberstab, der eine große Dampfwolke erzeugt: eine E-Zigarette, auch ECig genannt. Das Liquid dafür ist mit verschiedenen Aromen erhältlich. Im Gegensatz zu den ebenfalls überall verbreiteten Shisha-Pfeifen wirkt das Vaping (englisch: to vape – dampfen) beinahe mondän.

»WENN MAN AUTOS LIEBEN KANN, WIESO DANN NICHT AUCH SEINEN PULLOVER?«

FABIAN HART, *Mode-Blogger und Journalist, www.fabianhart.com*

Was ist an einem Mann sexy?

Sexy muss nicht schön bedeuten und schon gar nicht hübsch. Jemanden sexy zu finden, geschieht einfach. Das ist etwas sehr Triebhaftes. Man kann sexy nicht durch Kleidung, Frisur oder eine Körperform auslösen. Sexy passiert, wenn jemand sich auf besondere Weise verhält oder etwas ausstrahlt, das einen berauscht. Das gilt für Frau und Mann gleichermaßen.

Maßanzüge, rahmengenähte Schuhe und Füllfederhalter: Wie bewertest du das große Interesse an den Elementen klassischer Herrenkultur? Tragen die Männer bald wieder Monokel oder sogar Säbel?

Wir sind es gewohnt, zu jeder Zeit einen schnellen Zugang zu allem zu haben. Access! Deshalb ist es logisch, dass gleichzeitig der Wunsch besteht, etwas besitzen zu wollen, das Zeit braucht und nur für einen selbst zugänglich ist: DIY, Costumizing etc. Dazu passt eben auch, dass wir uns in Zeiten von Fast Fashion und vielen parallel stattfindenden Trends wieder an Traditionen erinnern und sie entweder mit oft ironisch eingesetzten Retroprodukten imitieren oder eben tatsächlich neu verinnerlichen. Eine Rückkehr von Monokel und Säbel ist eher unrealistisch, weil Brille und Knarre einfach besser funktionieren. Ein Füller trainiert die Handschrift, was Sinn macht, wenn man mal was aufschreiben möchte und der iPhone-Akku alle ist.

Was würdest du dir persönlich in Sachen Männermode wünschen?

Ich wünsche Männern mehr Gefühl für Mode und mehr Gefühl für ihre Kleidung. Wenn man Autos lieben kann, wieso dann nicht auch seinen Pullover?

Wie siehst du den modernen Mann?

Es wird so viel darüber gesprochen und geschrieben, wie ein Mann heute sein muss, um modern zu sein. Aber die Wahrheit ist doch, dass jeder seine eigene Vorstellung hat von dem, was für ihn heute wichtig ist. Mutig ist, diese dann auch zu leben und nicht nur den Vorstellungen anderer gerecht zu werden. Den Vorstellungen, die andere vom Mannsein haben. Mut haben ist modern.

Was tust du für dein Aussehen? Was ist das Minimum an Pflege, das ein Mann in sich investieren sollte? Und wann wird es too much?

Es ist vollkommen o. k., sich um sich selbst zu kümmern. Männer sind nicht länger das Oberhaupt, das Fürsorge nur der Familie gegenüber kennt. Pflege ist ein gutes Training für die eigenen Soft Skills. Sich selbst etwas Gutes zu tun ist Minimum. Jeder hat seine eigene Grenze, an der es too much wird.

Wie kann man Männern eigentlich ein Kompliment machen?

Ich denke, fast genauso wie Frauen auch. Hier ein paar Beispiele: »Du siehst toll aus«, »Mit dir würde ich gerne leben!«

GUTER STIL

EIN ESSAY

Wolfgang Joop hat einige schlaue Sachen gesagt, mein Lieblingszitat von ihm ist dieses:

»WENN MAN 25 IST, BRAUCHT MAN NUR EIN T-SHIRT UND EINE JEANS.«

Damit ist die Frage nach gutem Stil auch schon beantwortet: Guter Stil ist etwas Persönliches und hat viel mit Entspanntheit zu tun. Wenn man jung und knusprig ist, kann man auch in einem Trainingsanzug von Adidas auf den Abschlussball gehen – das gilt allerdings nicht für den Vater, der die Kids später abholt. Vorbilder für guten Stil gibt es deshalb eigentlich nicht, auch wenn die Magazine jedes Jahr neue »Best Dressed«-Listen veröffentlichen. Ein Vorbild ist aber ganz bestimmt nicht jemand, der einfach nur die besten Hemden und teuersten Anzüge trägt. Entscheidend ist, dass er sein Ding durchzieht. So wie der legendäre Fiat-Chef Gianni Agnelli, der seine Uhr über dem Hemd trug statt wie alle anderen darunter. Aber so ein cooler Hund muss man erstmal sein.

DIE MEISTEN MÄNNER BRAUCHEN ANLEITUNG, WENN ES UM KLEIDUNG GEHT – UND DIE MÖGLICHST GENAU.

Deshalb sind Männermodebücher so historisch, so überladen mit Anekdoten und so streng, wenn es um Dresscodes geht. Da liest man ausführlich über den

Gentleman und vermeintliche Insignien des guten Stils wie Trenchcoat oder Smoking. Es geht um Schauspieler, die schon lange tot sind, und die Aufzählung der Don'ts ist viel länger als der Dos. Der eigene Stil hat dabei oft nur noch in den Manschettenknöpfen Platz. Kein Wunder, dass sich mancher Mann der Mode verweigert. So macht das ja alles keinen Spaß. Dabei haben auch Männer Stil, die weder einen Trenchcoat tragen noch sich am Morgen nass mit einem Messer rasieren oder wissen, wie man einen Windsor-Knoten in die Krawatte fummelt. Diese Männer besitzen gar keine Krawatte, und wenn doch, dann liegt sie irgendwo ganz unten zwischen den Boxershorts und Fußballsocken in der Kommode. Sie sehen gut aus, ohne zu wissen, wer John Lobb (ein britischer Schuhmacher) oder Brioni (ein italienischer Anzughersteller) ist. Guter Stil – und da können noch ein paar hundert Bücher mehr mit Vorschriften zu diesem Thema geschrieben werden – hat einfach etwas mit Persönlichkeit zu tun. Und ganz bestimmt nichts – wirklich nichts – mit Geld. Es geht darum, ein Gefühl dafür zu bekommen, wie man das Beste aus seinem Typ rausholt. Denken Sie einfach immer daran:

STIL IST DIE SPRACHE DER GESCHICHTE, DIE MAN MIT SEINER KLEIDUNG ER-ZÄHLEN WILL.

Und welche Geschichte wollen Sie erzählen?

DIE BESTEN

15

LABELS UND WAS MAN DA BEKOMMT

1. ACNE

Das schwedische Label hat Skinny Jeans für Männer salonfähig gemacht und ist spektakulär unspektakulär. Das heißt, es bietet sowohl Basics als auch auffällige Entwürfe, zum Beispiel Satin-Bomberjacken. Hardcore-Fans können sich von Kopf bis Fuß mit Acne (nicht die fiese Hauterkrankung, sondern die Abkürzung von Ambition to Create Novel Expressions) eindecken.

2. ADIDAS ORIGINALS

Nicht nur Männer lieben die Sneaker aus der Originals-Serie, insbesondere, wenn es sich dabei um die Neuauflagen legendärer Modelle wie Stan Smith, Superstar oder Samba handelt. Die werden dann so lange getragen, bis sie vom Fuß fallen.

3. AMI

Der Designer Alexandre Mattiussi hat bei Dior, Givenchy und Marc Jacobs gearbeitet, bevor er 2011 sein eigenes Label gründete. Mit seiner erwachsenen, aber lässigen, ja man kann fast schon sagen bodenständigen Männermodemarke schließt er die Lücke zwischen Streetwear und High Fashion. AMI (Freund) ist nicht nur cool, sondern auch bezahlbar. Der Erfolg beweist, dass auch die Qualität stimmt.

4. A.P.C.

Die französische Marke wird bevorzugt von Menschen aus der Kreativbranche getragen. A.P.C. (Atelier de Production et de Création) steht für reduziertes Design, das jederzeit tragbar ist, sei es in der Uni, im Büro oder im Club. Zum Sortiment gehören dunkelblaue Jeans, Dufflecoats oder College-Jacken.

5. COMMON PROJECTS

Eine spannende Schuhmarke, da sie Entspanntheit und Stil miteinander verbindet. Typisch sind minimalistische Sneaker aus Wild- oder Glattleder. Sie werden in Italien hergestellt und sind genau das Richtige für all jene Männer, die Schnürschuhe zu spießig finden. Die Macher des Labels, zwei Männer namens Flavio Girolami und Prathan Poopat, sitzen in New York – also am Puls der Zeit.

6. COS

Das H&M-Premium-Konzept COS (Collection of Style) hat sich seit dem Launch im Jahr 2007 für Männer zur festen Shoppingadresse entwickelt. Dafür gibt es einen guten Grund: Von der Unterhose bis zu Anzug, Schuhen oder Kaschmirpullover – hier bekommt man alles, und zwar vorzugsweise in gedeckten Farben und zu einem vergleichsweise günstigen Kurs. Sehr skandinavisch!

7. DRIES VAN NOTEN

Bunte Stoffe, Prints und Stickereien: Selten kommt Männermode so verspielt und romantisch daher wie bei Dries van Noten. Wer auf der Suche nach einem extravaganten Hemd oder Anzug ist – hier wird er fündig. Allerdings kann es gut sein, dass dieser pink oder gebatikt ist. Dries van Noten darf das. Seine Karriere begann er als Mitglied der belgischen Avantgarde-Designer-Gruppe Antwerp Six, und er ist bis heute einer der wenigen Designer, dessen Label nicht von einem Konzern geschluckt wurde.

8. JOSEPH

Viele denken, das britische Label wäre ein Newcomer, dabei besteht es schon seit Mitte der 1980er-Jahre. Das Design lässt sich als reduziert und sophisticated beschreiben. Vor allem die Mäntel, Pullover und schmal geschnittenen Tuchhosen sind toll.

9. KENZO

Das Hipster-Label schlechthin, seit Carol Lim und Humberto Leon, ihres Zeichens die Gründer des New Yorker Concept-Stores und der Ober-Hipster-Marke Open Ceremony, die Kreativleitung übernommen haben. Dank ihnen steht Kenzo heute wie damals, als es von dem japanischen

Designer Kenzo Takada Anfang der 1980er-Jahre in Paris gegründet wurde, für fröhliche und unangepasste Mode.

10. LEVI'S

Die Jeansmarke muss man eigentlich niemandem erklären, sind doch die meisten mit der Levi's 501 groß geworden. Was Levi's bravourös gelingt, ist, durch Neuauflagen legendärer Modelle wie der Trucker-Jeansjacke oder der fortlaufenden Verbesserung der 501 erfolgreich zu bleiben.

11. MAISON MARTIN MARGIELA

Treue Anhänger hauchen »Margiela«, wenn man sie fragt, von welcher Marke die Strickjacke mit den weißen Fadenstichen im Nacken stammt. Margiela ist mehr als nur Klamotte, dieses Label ist eine Einstellung: Es geht um quer denken, nicht dem Trend folgen, eigene Wege gehen. Dabei ist der »echte« Martin Margiela seit einigen Jahren gar nicht mehr an Bord. Macht nichts – es wusste sowieso keiner, wie er aussieht!

12. NIKE

Neben Adidas ist Nike das Sportswear-Label Nummer 1, wobei Nike Spezialist für bunte Sneaker und Adidas für die Neuauflage legendärer Turnschuhmodelle bekannt ist.

13. PRADA

Es gibt Männer, die sammeln Wein, die anderen Autos, und wieder andere sammeln Prada. Warum? Miuccia Prada ge-

lingt es jede Saison, eine wegweisende Kollektion auf den Laufsteg zu bringen. Furchtlos überschreitet sie dabei immer wieder die Grenzen des guten Geschmacks, aber nur so kann Neues mit Sammlerwert entstehen. Man denke an Hemden mit Siebzigerjahre-Muster und Jesus-Sandalen mit dicken Wollsocken. Der Ugly Chic ist typisch Prada, abgesehen davon gibt es auch klassische Anzüge und todschicke Loafer.

14. SANDRO

Seit jeher gilt der Kleidungsstil der Franzosen als ebenso exzellent wie relaxt, nach dem Motto: »Der Pullover? Ach, der ist uralt!« Mühelos gut aussehen – das will natürlich jeder, und genau deshalb ist der French Chic von Labels wie Iro, The Kooples oder eben Sandro so begehrt. Übrigens ist Sandro eine gute Marke für junge Männer, die sich ihr erstes Jackett kaufen wollen!

15. WOOD WOOD

Das dänische Lifestyle-Label ist eines der Aushängeschilder der skandinavischen Modeszene und Spezialist in Sachen Sophisticated Streetwear. Die Designer entwickeln jede Saison eine zeitgenössische und bis ins letzte Detail ausgefeilte Kollektion, bei der Prints und Slogans eine wichtige Rolle spielen. Ein Muss für Männer sind die Mützen oder Sweatshirts mit Logo-Print.

DIE GROSSE LABEL-ÜBERSICHT

ANZÜGE BUDGET

COS BEN SHERMAN FILIPPA K HUGO BOSS TIGER OF SWEDEN DIGEL

ANZÜGE LUXUS

BRIONI KITON ZEGNA DIOR HOMME PRADA

MASSANZÜGE

MARC ANTHONY HERR VON EDEN PURWIN & RADZUN TOM JAMES

SCHUHE LEDER

ADIEU COMMON PROJECTS FEIT LUDWIG REITER
MR HARE ALDEN SCAROSSO WESTON

SCHUHE NACH MASS

KEIL HAMBURG WWW.KEIL-SCHUHE.DE

SNEAKER STREET

ADIDAS NIKE NEW BALANCE CONVERSE VANS

SNEAKER DESIGNER

BALENCIAGA BOTTEGA VENETA LANVIN MAISON MARTIN MARGIELA
SAINT LAURENT Y3

STRICK BUDGET

MÄRZ COS FRED PERRY LYLE & SCOTT MARC JACOBS JOSEPH UNIQLO

STRICK LUXUS

IRIS VON ARNIM MAISON MARTIN MARGIELA THE ELDER STATESMAN

TASCHEN & KLEINLEDERWAREN

BOTTEGA VENETA FILSON FELISI HERSCHEL IISE MIISMO PORTER
SANDQVIST

JACKEN UND MÄNTEL

A.P.C. BARBOUR BURBERRY HARRIS WHARF MACKINTOSH
STUTTERHEIM SAINT LAURENT

UNDERWEAR

HANRO SCHIESSER SUNSPEL THE WHITE BRIEFS
ZIMMERLI OF SWITZERLAND

T-SHIRTS

AMERICAN APPAREL A.O. CMS COS GAP HESS NATUR
MAISON LABICHE MERZ B. SCHWANEN JAMES PERSE

RINGELSHIRTS

AMOR LUX SAINT JAMES TWO THIRDS UNIQLO

SWEATSHIRTS & HOODIES

AMERICAN APPAREL AYZIT BOSTAN H&M WOOD WOOD MAISON KITSUNÉ
COOL KIDS PUBLIC SCHOOL

JEANS

ACNE A.P.C. BLK DNM CHEAP MONDAY CLOSED LEVI'S NUDIE
TOPMAN WEEKDAY

AVANTGARDE

BORIS BIDJAN SABERI COMME DES GARÇONS DAMIR DOMA FEAR OF GOD
IN GOD WE TRUST NY RAF SIMONS RICK OWENS

COOL KIDS

ALEXANDER WANG BAND OF OUTSIDERS MAISON KITSUNÉ HOMECORE
HUF PIGALLE SATURDAY SURF PENDLETON THOM BROWNE VISVIM

BRILLEN

BARTON PERREIRA MOSCOT L.G.R LUNETTES PERSOL RAY BAN

USA

COMMON PROJECTS LEVI'S MARC JACOBS OAK NYC

ITALIEN

ATTOLINI BELVEST BORRELLI BOTTEGA VENETA CUCINELLI ISAIA
LORO PIANA PRADA STILE LATINO

UK

BEN SHERMAN JOSEPH NEIL BARRETT PAUL SMITH

FRANKREICH

AMI BALENCIAGA CHRISTOPHE LEMAIRE ELEMENTAIRE KENZO
KRIS VAN ASSCHE SANDRO

SKANDINAVIEN

ACNE CMMN SWEDEN LIBERTINE-LIBERTINE UNIFORMS FOR THE
DEDICATED WOOD WOOD

DEUTSCHE LABELS

ANNE SCHMUHL FRANK LEDER HIEN LE SISSI GOETZE SOPOPULAR
JULIAN ZIGERLI

HEMDEN KLASSISCH

HACKETT LONDON JAMES TYRWHITT PAUL SMITH RALPH LAUREN

HEMDEN FANCY

MARNI LIBERTINE-LIBERTINE SOULLAND WOOD WOOD

PARKA

CANADA GOOSE FJÄLLRÄVEN THE NORTH FACE WOOLRICH

DIE BESTEN ADRESSEN: MÄNNERMODELÄDEN

Luxusboutiquen, Concept-Stores oder Skateboard-Shop – wo gehen Männer gerne einkaufen? Und wo finden sie auch wirklich was? Wir haben die Protagonisten in diesem Buch nach ihren Lieblingsadressen gefragt. Das Ergebnis ist diese Shop-Liste!

BERLIN

ANDREAS MURKUDIS
Potsdamer Straße 81E
10785 Berlin

ANDREAS MURKUDIS BIKINI BERLIN
Budapester Straße 38–50
10787 Berlin
www.andreasmurkudis.com

CHELSEA FARMER'S CLUB
Schlüterstraße 50
10629 Berlin
www.chelseafarmersclub.de

CIVILIST
Brunnenstraße 13
10119 Berlin
www.civilistberlin.com

DARKLANDS
Heidestraße 46–52, Gebäude 7
10557 Berlin
www.darklandsberlin.com

SOTO
Torstraße 72
10119 Berlin
www.sotostore.com

SUPERCONSCIOUS
Weinbergsweg 22
10119 Berlin
www.superconscious-berlin.tumblr.com

THE CORNER BERLIN
Markgrafenstraße 45
10117 Berlin
www.thecornerberlin.de

THE STORE X
SOHO HOUSE BERLIN
Torstraße 1
10119 Berlin
www.thestore-berlin.com

TRÜFFELSCHWEIN
Rosa-Luxemburg-Straße 21
10178 Berlin
www.trueffelschweinberlin.com

VOO STORE
Oranienstraße 24
10999 Berlin
www.vooberlin.com

DÜSSELDORF

JADES
Heinrich-Heine-Allee 53
40213 Düsseldorf
www.jades24.com

UWE VAN AFFERDEN
Lorettostraße 35
40219 Düsseldorf
www.van-afferden.com

HAMBURG

ANCHOR REBEL
Marktstraße 27
20357 Hamburg
www.ar-mc.de

CONRAD HASSELBACH
Klosterstern 2
20149 Hamburg
www.conradhasselbach.de

HERRENAUSSTATTER BRAUN
Große Bleichen 27
20354 Hamburg
www.braun-hamburg.de

LADAGE & OELKE
Neuer Wall 11
20354 Hamburg
www.ladage-oelke.de

THOMAS I-PUNKT
Gänsemarkt 24
20354 Hamburg
www.thomasipunkt.de

VAU
Hegestraße 44
20251 Hamburg
www.vau-hh.de

VATER & SOHN
Eppendorfer Weg 54
20259 Hamburg
www.vaterundsohn-hamburg.com

KÖLN

CITTA DI BOLOGNA
Flandrische Straße 4
50674 Köln
www.citta-di-bologna.com

HERRENBUDE

Rothehausstraße 4

50823 Köln

www.herrenbude.de

SOBS

Hahnenstraße 10

50667 Köln

www.sobs.de

STUTTGART

BUNGALOW

Stiftstraße 1A

70173 Stuttgart

www.bungalow-gallery.com

NÜRNBERG

CRÄMER & CO.

Breite Gasse 18

90402 Nürnberg

www.craemerco.de

MÜNCHEN

HOUSE OF HARVEST

Zieblandstraße 5

80799 München

www.hrvst.de

SCHWITTENBERG

Hildegardstraße 2

80539 München

www.schwittenberg.com

SOO HOT RIGHT NOW

Klenzestraße 16

80469 München

www.soohotrightnow.com

STEREO/MUC

Residenzstraße 25

80333 München

www.stereo-muc.de

FRANKFURT AM MAIN

THE LISTENER

Stephanstraße 3

60313 Frankfurt am Main

www.thelistener.de

UEBERVART

Kleiner Hirschgraben 14

60311 Frankfurt am Main

www.uebervart-shop.de

www.shopigo.com

ONLINESHOPS

BEST OF INTERNATIONAL

COLETTE www.colette.fr

DOVER STREET MARKET www.doverstreetmarket.com

FARFETCH www.farfetch.com

J. CREW www.jcrew.com

MATCHES FASHION www.matchesfashion.com

MR PORTER www.mrporter.com

OKI NI www.oki-ni.com

RSVP GALLERY www.rsvpgallery.com

SHOPIGO www.shopigo.com

STORM COPENHAGEN www.stormfashion.dk

STYLEBOP www.stylebop.com

THE CORNER www.thecorner.com

TRÈS BIEN www.tres-bien.com

YOOX www.yoox.de

CURATED SHOPPING

MODOMOTO www.modomoto.de

OUTFITTERY www.outfittery.de

VINTAGE & SECONDHAND

VESTIAIRE COLLECTIVE www.vestiairecollective.de

VIDE DRESSING www.videdressing.de

MÄNNER
& PFLEGE

KOSMETIK FÜR MÄNNER STEHT IN
DER DROGERIE MEISTENS KURZ VOR
DEM VOGELFUTTER – KEIN WUNDER,
DASS SICH KEINER ANGESPROCHEN
FÜHLT. DABEI MACHT HAUTPFLEGE
AUCH BEI MÄNNERN SINN, ZUMAL ES
VIELE NÜTZLICHE PRODUKTE GIBT.

GRUND-AUSSTATTUNG PFLEGE

Bevor Sie dieses Kapitel einfach überblättern:
Wie sieht es denn so aus in Ihrem Badezimmer,
hm? Auf dem Waschbeckenrand liegt eine aus-
gefranste Zahnbürste, irgendwo fliegt ein Deo
rum, und aus der Tube Haargel kommt kaum
noch etwas raus? Das ist sehr schade! Denn
der Weg zu einer soliden Grundausstattung
in Sachen Pflege ist gar nicht so steinig.
Niemand verlangt, dass Sie einen Frisiertisch
im Schlafzimmer aufbauen. Kosmetikprodukte
für Männer haben keinerlei dekorative Zwecke –
es geht einfach nur darum, sich etwas
Gutes zu tun.

ZAHNBÜRSTE

Zweimal Zähneputzen, nach dem Frühstück und vor dem Zubettgehen, ist täglich Pflicht. Darauf zu verzichten ist überhaupt nicht Rock 'n' Roll, sondern einfach nur eklig. Kaufen Sie alle zwei Monate eine neue Zahnbürste, auf deren Verpackung »mittel« oder »weich« steht – für den Fall, dass Sie ordentlich Schmackes in den Armen, aber empfindliche Zahnhälse haben. Nicht vergessen: Immer von »rot« nach »weiß« putzen, niemals horizontal schrubben, sondern die Zähne »fegen«. Zum Schluss noch die Zunge abbürsten, denn da sitzt meist die Ursache für üblen Mundgeruch, und mit einem Schluck Mundwasser nachspülen. Außerdem alle sechs Monate einen Termin beim Zahnarzt für eine professionelle Zahnreinigung vereinbaren, der kann nämlich mit Profiwerkzeugen hartnäckige Beläge und Zahnstein entfernen. Glückwunsch – damit haben Sie schon mal das Wichtigste erledigt.

DUSCHGEL & SHAMPOO

Die Vorratspackungen mit Duschgel oder Shampoo sind perfekt für Männer geeignet – da hat man immer gleich Nachschub zur Hand und spart ein paar Cent. Allerdings lässt sich das eine Produkt keinesfalls durch das andere ersetzen. Bei Duschgel sollte man nicht so sehr auf exotischen Duft, sondern auf rückfettende Inhaltsstoffe wie Jojoba- oder Olivenöl achten, die dafür sorgen, dass die Haut nach dem Duschen weder spannt noch juckt. Für den Winter sind Duschöle praktisch. Wer zu Schuppen auf dem Kopf neigt, muss auf jeden Fall ein Spezialshampoo verwenden, das die Kopfhaut pflegt (siehe 10 + 1 Beauty-Probleme und deren schnelle Lösung, Seite 196).

RASIERZEUG

Einer der Gründe für den Siegeszug des Barts ist sicher, dass viele Männer keine Lust haben auf eine tägliche Rasur, weder nass noch trocken. Total verständlich: Es dauert eine ganze Weile, besonders wenn man nass rasiert, das Bad sieht danach aus wie Sau, und die Haut brennt. Wer nun aber partout keinen Bart tragen möchte, kann aus der täglichen Rasur durchaus auch ein Fest machen. Dafür braucht man genau zwei Dinge: eine Steckdose und einen Elektrorasierer. Die Trockenrasur ist hautschonender und geht schneller. Wer sich einmal so richtig schön old-school von einem Barbier mit frisch aufgeschlagenem Rasierschaum und einem scharfen Messer rasieren lassen möchte, geht in einen dieser Barber Shops, die jetzt überall aufmachen: in Berlin zu Wheadon, in Hamburg zu Meinecke's Barbershop oder in München zu David Fechner (siehe Die besten Adressen, Seite 206). Alle anderen pflegen bitte weiter ihre Gesichtshecke, gern mit einem Beard Wash (siehe 15 Beauty-Produkte und was sie nützen, Seite 189) und einem Tropfen Glanzöl.

DEODORANT

Denken Sie daran, dass die Menschen des 21. Jahrhunderts wahnsinnig empfindlich auf Gerüche reagieren. Vor allem bei Achselschweiß rümpfen nicht nur viele die Nase, sondern setzen sich demonstrativ von Ihnen weg. Falls Ihnen das schon einmal passiert ist: Ziehen Sie nicht Ihren besten Freund, sondern seine Schwester zu Rate. Strecken Sie beide Arme gen Himmel und fragen Sie geradeheraus: »Jetzt mal ganz ehrlich: Stinke ich?« Wer tatsächlich noch kein Deo hat, testet erstmal ein paar Produkte aus: Spray, Roll-On oder Stick. Mit irgendwas werden Sie schon zurechtkommen. Wenn die Haut juckt – sofort weg damit. Achtung: Sollten Sie sehr schwitzen, brauchen Sie ein Antitranspirant, kein Deodorant. Die Faustregel: Deos kauft man in der Drogerie oder Apotheke, niemals in der Parfümerie.

GESICHTSWASCHGEL & -CREME

Aufgrund ihrer Hormone haben Männer die Tendenz zu öliger Haut. Das bedeutet nicht, dass diese Haut keine Pflege braucht. Im Gegenteil. Sie produziert Talg, der die Poren verstopfen kann. Das Ergebnis sind Mitesser oder im schlimmsten Fall ein dicker Pickel auf der Stirn (siehe 10 +1 Beauty-Probleme und deren schnelle Lösung, Seite 195). Dem gilt es mit einer gründlichen Reinigung vorzubeugen. Die berühmte Katzenwäsche reicht leider nicht aus. Hautexperten empfehlen, das Waschbecken mit lauwarmem Wasser zu füllen und das Gesicht zu »splashen«, also immer wieder mit Wasser zu benetzen. Denn erst nachdem sich die Poren geöffnet haben, kann der Schmutz abfließen – das klingt logisch, oder? Ein Waschgel unterstützt die reinigende Funktion des Wassers. Es nimmt den Schmutz des Tages und überschüssiges Fett ab. Anschließend gilt es, der Haut wieder Feuchtigkeit zuzuführen – gern mit Anti-Aging-Effekt. Sie glauben, Anti-Aging ist nur etwas für betagte Herrschaften? Mitnichten. Es geht darum, der frühzeitigen Hautalterung entgegenzuwirken. Ende zwanzig, Anfang dreißig sollte man damit anfangen. Nach dem Motto: Eine gepflegte Falte ist attraktiver als eine ungepflegte.

NAGELPFLEGE-SET

Wenn es absolute No-Gos gibt, dann sind das dreckige Fingernägel und Fußnägel, so scharf wie Teppichmesser. Ein Nagelknipser und eine Glas- oder Metallfeile sollten daher regelmäßig im Gebrauch sein. Der Nagel endet genau über der Kuppe, die Schnittkanten sind rund und glatt. Ab und zu mal ein bisschen Creme schadet auch nicht. Seien Sie doch mal ganz verrückt und wünschen Sie sich zum Geburtstag einen Gutschein für eine Mani- und Pediküre. Ein Leben ohne Hornhautschwielen an den Füßen ist schön, versprochen.

HAARWACHS

Moment, Moment. Bevor es um irgendwelche Styling-Produkte geht, muss sichergestellt sein, dass sich auf dem Kopf ein vernünftiger Haarschnitt befindet. Wer keine hohen Ansprüche oder sehr viel Übung hat, darf zuhause mit einem Trimmer selbst zur Tat schreiten. Ansonsten gilt es, einen guten Friseur ausfindig zu machen, bei dem man alle sechs bis acht Wochen vorstellig wird. Man muss auf keinen Fall zu einem superteuren Promifriseur gehen, der seine Kunden mit Cappuccino, Pflegespülungen und stundenlangen Kopfmassagen verwöhnt – der Friseur an der Ecke beherrscht sein Handwerk im Zweifelsfall genauso gut.

Sollten Sie Ihre Haare seit Jahren blondieren, schwarz färben oder einen langen Pferdeschwanz tragen, wäre jetzt ein guter Zeitpunkt, darüber nachzudenken, ob Sie nicht reif für eine Veränderung sind. Jede Art von Extrem stellt Sie in eine Ecke, in der Sie vielleicht gar nicht stehen wollen. Gerade bei den Frisuren lohnt ein Blick in die Klatschzeitungen, denn die Promis tragen ihre Haare stets modern: Der Trend geht zur lässigen Kurzhaarfrisur, bei der das Deckhaar einen Tick länger ist als das Haar an den Seiten. Wenn sich das Deckhaar langsam lichtet, fragen Sie mal Ihren Friseur, ob er noch irgendwie Hoffnung hat. Ansonsten: Kahlschlag, leider.

DEUTSCHE PROMIS UND WAS MAN VON IHNEN LERNEN KANN

Wenn es um männliche Stilikonen geht, werden immer nur internationale Stars genannt, was nicht nur gemein, sondern auch einfallslos ist. Das wollen wir hiermit ändern, denn wir finden, dass viele deutsche Promis einen guten Look pflegen.

FLORIAN SILBEREISEN

Wer befürchtet, dass der eigene Stil für immer einbetoniert ist, sollte wieder Hoffnung schöpfen: Man kann immer gegen den Strom schwimmen. Man muss es sogar! Leider ist Herr Silbereisen beruflich sehr eingespannt, ansonsten hätte er super in dieses Buch gepasst: Sein neuer Look macht ihn zu einem guten Typen. Statt blonder Föhnfrisur à la Tragicomix trägt er die Haare jetzt in seiner Naturfarbe und kürzer, statt auf »laute« Anzüge mit Nadelstreifen setzt er auf »leise« Sakkos in gedeckten Farben. Merke: Es ist nie zu spät für eine optische Veränderung.

TIL SCHWEIGER

Es ist vollkommen in Ordnung, jeden Tag die gleiche Sorte Pullover zu tragen. So wird der Pulli zum Rahmen für das eigene Ich. Allerdings sollte es sich dabei um ein exquisites Modell handeln. Wenn schon ein Rahmen für das eigene Ich, dann bitte aus Kaschmir. Vorzugsweise sollte man bei hautschmeichelnden Naturtönen bleiben, dann wirkt das Flauschmaterial wie der Weichzeichner bei Photoshop – probieren Sie es mal aus.

JAN DELAY

Das Folgende ist vollkommen spekulativ, denn keiner weiß, wie es unter dem Hut von Jan Delay aussieht. Aber angenommen, Sie haben Haarausfall: Das ist nicht Ihr Problem! Machen Sie einen Hut oder eine Mütze zu Ihrem Markenzeichen. Immerhin gibt es gerade in Deutschland viele tolle Hutmacher.

AUGUST DIEHL

Augenringe, fettige Haare? Wunderbar! Es sind die kleinen Makel, die – nebenbei bemerkt – jeder von uns kennt, die den »Typ« ausmachen. Eine der Hauptthesen dieses Buchs, falls es noch niemandem aufgefallen sein sollte, lautet: Jungs, macht euch locker und pflegt eure Persönlichkeit. Natürlich ist der Grat zwischen lässig und ungepflegt ein schmaler, aber Sie bekommen das schon hin. Wer darüber hinaus so viel Humor hat wie August Diehl, darf sowieso alles.

BASTIAN SCHWEINSTEIGER

Wenn um Sie herum im Freundes- oder Kollegenkreis ein modisches Feuerwerk explodiert (blonde Strähnchen, Brillantohrstecker, großflächige Tattoos), sollten Sie sich bedeckt halten. Sein Understatement muss man Bastian Schweinsteiger zugutehalten. Selbst wenn er in einem Interview mal erwähnt hat, dass er einen langen, schwarzen Ledermantel besitzt – er wurde nur noch nie darin gesehen.

DANIEL BRÜHL

Wer in dieser fürchterlichen Phase zwischen 25 und 30 steckt, in der man als Mann und nicht mehr als Mädchenschwarm ernst genommen werden möchte, der muss sich einfach nur einen Bart stehen lassen. Und zwar einen Vollbart. Danach kommt einem keiner mehr doof.

»BEIM BARBIER GEHT ES DA-RUM, SICH ZEIT ZU NEHMEN.«

NICOLE WHEADON & WILL EXPOSITO, *Beautyconceptstore Wheadon*

Wieso gibt es plötzlich überall Barbier-Salons?

Nicole: Das ist nichts Neues – früher war die Rasur ein fester Bestandteil des Friseurbesuchs. Es ist ein ganz alter Handwerksberuf, der jetzt wieder entdeckt wird.

Wie geriet das Handwerk aus der Mode?

Nicole: Das war in den 1960er-Jahren – der Elektrorasierer kam in Mode. Nachdem das AIDS-Virus entdeckt wurde, wurde die Nassrasur mit dem offenen Messer aus Angst vor einer HIV-Infektion mehr und mehr abgelehnt.

Will: Die Leute denken oft, der Barbier sei ausschließlich für Bartpflege zuständig. Dabei kümmern wir uns um den ganzen Kopf: Das beinhaltet sowohl den Haarschnitt als auch Augenbrauen- und Bartpflege.

Nicole: ... und bitte die Ohrenhaare nicht vergessen!

Will: Mein Ziel ist es immer, ein harmonisches Gesamtbild zu schaffen. Es geht nicht darum, dem Mann einen trendy Look zu verpassen, sondern eine authentische Frisur für genau diesen einen Mann zu finden, mit der er sich wohlfühlt.

Viele Männer schneiden ihre Haare und den Bart zuhause mit dem Trimmer und wollen sich das nicht ausreden lassen.

Will: Ja, aber sie können nur die Haarlänge stutzen und Linien ziehen, aber keine sanften Übergänge scheren, so wie es mir etwa mit meinem japanischen Edelstahlmesser gelingt. Außerdem sehen die Männer sich nur selbst im Spiegel. Ich dagegen sehe, wie andere Menschen sie sehen, und kann ihnen dabei helfen, ihr Äußeres optimal erscheinen zu lassen.

Das Verhältnis von Männern zu Kosmetik ist also gar nicht so kompliziert, wie man immer denkt?

Nicole: Männer sind genauso eitel wie Frauen. Aber Männer wollen Männer sein. Es gab lange keinen Ort für sie. Das haben wir mit der androgynen und sportlichen Atmosphäre bei Wheadon geändert.

Wie oft sollte ein Mann zum Barbier gehen?

Will: Alle zwei Wochen für den Bart, alle vier Wochen für die Haare.

Wie reagieren die Männer, wenn sie zum ersten Mal auf dem Ledersessel vor diesem riesigen Spiegel sitzen?

Will: Manche sind beim ersten Mal vielleicht noch ein bisschen nervös, aber meine Sicherheit überträgt sich schnell auf sie.

Nicole: Unsere Gäste stehen immer im Mittelpunkt und sollen sich in ihrer Haut wohlfühlen. Da wir einen ganzheitlichen Anspruch haben, bieten wir nicht nur Kosmetik und Rasur, sondern auch Yoga und ein generelles Work-out an.

Und wie reagieren Männer, wenn man ihnen ganz sachte ein paar Anti-Aging-Produkte empfiehlt?

Nicole: Das Wort »Anti-Aging« verwenden wir nicht. Das ist nicht mehr aktuell, denn ein gelebtes Gesicht hat immer Falten. Für uns geht es wie gesagt darum, sich in seiner Haut wohlzufühlen, vital und gesund auszusehen.

Wie lange wird der Trend zum Bart halten?

Nicole: Der Bart ist kein Trend. Wenn man zurückblickt – also wirklich zurückblickt! –, dann haben Männer immer Bart getragen.

Will: Mit Bart sehen viele Männer erwachsener und intelligenter aus. Der Vollbart ist seit einiger Zeit sehr präsent, aber es gibt unzählige Arten, einen Bart zu tragen.

Nicole: Männer haben Lust auf Bart, er ist Teil ihrer Sexualität. Außerdem spürt man den Wunsch nach Tradition und Sinnlichkeit. Beim Barbier geht es auch darum: den Fuß vom Gas zu nehmen und sich Zeit zu nehmen. Für sich selber.

Wheadon
Steinstraße 17
10119 Berlin
www.wheadon.de

MÄNNER & KOSMETIK

EIN ESSAY

Zwar gibt es mehr und mehr Männer, die wie Jochen Schropp (Seite 18) nicht nur eine Augencreme, sondern ab und zu auch mal eine Maske auftragen, der Großteil allerdings bleibt Waschgel, Toner und Sonnenschutz gegenüber skeptisch. Man kann ihnen noch so viele Geschenke machen – eine Creme samt Pflegehinweisen zu Weihnachten, ein schönes Parfüm zum Geburtstag –, die Tiegelchen und Töpfchen verstauben im Bad. Diese Männer glauben, dass sie das Thema Beauty nicht betrifft – so wie sich die meisten Frauen vom Thema Auto-Tuning kaum angesprochen fühlen.

DIE INDUSTRIE VERSUCHT DESHALB, MÄNNERKOS-METIK UNTER DEM BEGRIFF »GROOMING« ZU VERKAU-FEN. ÜBERSETZT BEDEUTET DAS WORT »FELLPFLEGE«.

Dafür reicht in der Regel ein Deo, ein Duschgel und eine Creme, gerne der seit Kindertagen verwendete Klassiker in der blau-weißen Dose. Das Produkt wird ins Gesicht gerubbelt, für das Finish bekommen die Haare auch noch was ab, weil das Wachs mal wieder ausgegangen ist. Bei Hyaluronsäure, Pore Minimizer oder Sea Salt Spray (15 Beauty-Produkte und was sie nützen, Seite 189) schaltet dieser Typ Mann ab. Vielleicht sind die Tiegelchen und Töpfchen das Problem und man müsste Kosmetik für Männer einfach nur anders verpacken: Cremes in Silikonspritzen, Parfümflakons in Bierflaschenform, Q-tips als Aufsatz für den Akkubohrer ... So ein Quatsch!

ES IST VOLLKOMMEN O.K., WENN MÄNNER IHRE PFLEGERITUALE AUF DAS NOTWENDIGSTE BESCHRÄNKEN.

So einen Schönling, der stundenlang das Bad blockiert und Vorher-nachher-Selfies mit und ohne Heilerdemaske macht, will nun auch keiner zuhause auf dem Sofa sitzen haben.

Neben einem schönen Stück Seife macht sich ein Gästehandtuch von Missoni Home gut im Badezimmer.

15

BEAUTY-PRODUKTE UND WAS SIE NÜTZEN

1. ALOE VERA

Gemeint ist das Gel aus der Aloe-Vera-Pflanze, das in zahlreichen Kosmetikprodukten enthalten ist. Es gibt sogar Drinks mit Aloe Vera. Dieses Wundermittel der Natur versorgt die Haut mit Feuchtigkeit, kühlt Sonnenbrand und beruhigt Rasurbrand.

2. BEARD WASH

Seife oder Shampoo für den Bart. Der Unterschied zu herkömmlichen Produkten: Es reinigt die Barthaare gründlich von Speise- und Flüssigkeitsresten – man denke an das Frühstücksei, Nutellabrötchen oder Weizenbier – und ist gleichzeitig schonend zur Haut.

3. BLEMISH

(deutsch: Makel, Schönheitsfehler) Wenn ein Produkt diesen Namenszusatz trägt, hilft es Hautunreinheiten zu heilen oder diese abzudecken.

4. BODY SPLASH

Ein leichtes und erfrischendes Parfüm für den Körper. Gut für heiße Tage oder um sich zwischendurch frisch zu machen.

5. HYALURONSÄURE

Körpereigene Substanz, welche die Gelenke schmiert und für die Kosmetikindustrie so interessant ist, weil sie die Fähigkeit besitzt, große Mengen an Wasser zu binden. Die in Anti-Aging-Cremes enthaltene Hyaluronsäure dringt in die Haut ein und füllt dort die Feuchtigkeitsdepots wieder auf.

6. CLEANSER

(deutsch: Reinigungsmittel) All die schöne Pflege nützt wenig, wenn man sich nicht ordentlich das Gesicht wäscht. Ein Waschgel oder eine Waschlotion nimmt den Schmutz des Tages weg, die Haut kann atmen, und Unreinheiten können gar nicht erst entstehen.

7. LIP BALM

Balsam, der rissige und spröde Lippen knutschschön macht. Sollte jeder Mann in der Tasche haben. Am besten ohne Glanz und geschmacksneutral.

8. MOISTURIZER

(deutsch: Feuchtigkeitscreme) Hält die Haut geschmeidig und vermindert Spannungsgefühle. Wenn man sich häufig in der Sonne aufhält, ist ein Moisturizer mit Lichtschutzfaktor (LSF, englisch: SPF – Sun Protection Factor) sinnvoll, um Sonnenschäden und Falten vorzubeugen. Im Winter, wenn man zwischen kalter Außenluft und geheizten Räumen mit niedriger Luftfeuchtigkeit wechselt, braucht man eine reichhaltige Creme mit mehr Fettanteil.

10. PRE-SHAVE

Wenn man zu Rasurbrand und einge-wachsenen Haaren neigt, kann man vor der Rasur neben dem üblichen Schaum und warmem Wasser eine Pre-Shave-Creme oder ein Öl verwenden. Es weicht das Haar vor der Rasur auf, stellt es in Wuchsrichtung auf und macht die Rasur, gerade bei starkem und festem Bartwuchs, viel einfacher. Dagegen sorgen After-Shave-Produkte, wie etwa Rasierwasser oder After-Shave-Balm, dafür, dass sich die Poren wieder schließen. Die Haut wird desinfiziert, Rötungen werden gelindert, und kleine Verletzungen heilen schneller.

11. PORE MINIMIZER

Wenn Poren zu viel Talg produzieren, können sie verstopfen und sich weiten, was nicht so schön aussieht. Meist pas-siert das in der T-Zone, also auf Stirn, Nase und Kinn. Kosmetikprodukte mit Inhalts-stoffen wie Salicylsäure oder Teebaumöl regulieren die Ölproduktion der Haut und lassen vergrößerte Poren wieder schrumpfen. Voraussetzung dafür ist die regelmäßige Anwendung.

9. PEELING

(englisch: to peel – schälen) Eine Wasch-creme mit Fruchtsäure oder Schleifparti-keln, die abgestorbene Hautschuppen ab-tragen, welche den Talg daran hindern abzufließen. Das Hautbild erscheint nach einem Peeling feiner, außerdem können Wirkstoffe noch besser in die Haut ein-dringen. Ein Peeling für den Körper heißt Body Scrub und ist dank zerstoßener Ker-ne von Aprikosen oder Meersand deut-lich gröber – bloß nicht fürs Gesicht ver-wenden.

12. PARABENE

Auf vielen Kosmetikprodukten steht mittlerweile »Ohne Parabene«. Im Zweifelsfall sind sie die bessere Wahl, denn diese Konservierungsmittel stehen im Verdacht, Allergien auszulösen und unter Umständen sogar krebserregend zu sein.

13. ORGANIC

Produkte mit diesem Zusatz im Namen gehören meist in die Abteilung Naturkosmetik. Dabei geht es längst nicht mehr nur darum, Cremes mit Essenzen und den Extrakten aus Wald- und Wiesenkräutern anzureichern und auf Tierversuche zu verzichten, sondern darum, für Nachhaltigkeit, fairen Handel und

sozial verantwortliche Produktion einzutreten.

14. SEA SALT SPRAY

Dieses Spray ist eine gute Alternative zu Wachs und vor allem zum Wet Gel. Es gibt den Haaren eine griffige Textur und zaubert diesen lässigen Sommerlook, der die Haare wie vom Wind zerzaust aussehen lässt. Tatsächlich kann man sich das Zeug mit Meersalz und Wasser auch do-it-yourself-mäßig zuhause anrühren, die Stylingprodukte aus dem Fachhandel enthalten aber noch zusätzliche Pflege- und Wirkstoffe wie etwa Kokosnussöl oder Seetangextrakt.

15. TONER

Eine Art Gesichtswasser, das erfrischt und nach der Reinigung oder Rasur überschüssiges Fett und Produktrückstände entfernt.

Beard Wash, Schere und Mini-Kamm: die wichtigsten Utensilien für den Fellpflege-Quickie daheim. Die Lippen müssen immer frei sein!

10

BEAUTY-PROBLEME UND DEREN SCHNELLE LÖSUNG

Hat die Oma, die ihr Taschentuch mit Spucke befeuchtet und damit ihrem Enkel durch das Gesicht wischt, bei vielen Männern ein Kindheitstrauma hinterlassen? Und ist dies der Grund, dass sie sich Fragen der Pflege lieber verweigern? Fest steht, dass jeder Mann mindestens eines der im Folgenden genannten Probleme kennt – meist aber keine Ahnung hat, was er dagegen tun soll.

1

MITESSER AUF DER NASE

Komedone, so die Profibezeichnung für Mitesser, entstehen durch die vermehrte Talgproduktion der männlichen Haut und durch den Hautfarbstoff Melanin, der an der Oberfläche oxidiert. Deshalb spricht man bei Mitessern von »Blackheads«. Das klingt nach Bäh und ist auch bäh. Besonders im Bereich der T-Zone neigt die Haut zu übermäßiger Fettproduktion. Statt mit den Fingern die Mitesser auszuquetschen, empfiehlt sich die Anwendung von Nasenpflastern. Diese »Clear-up-Strips« enthalten einen Wirkstoff, der sich auf der angefeuchteten Haut mit den Hautunreinheiten verbindet und diese nach einem kurzen Antrocknen herauszieht. Nasenpflaster für Männer gibt es zum Beispiel von Bioré.

2

PICKEL AUF DER STIRN

Auch wenn es immer heißt, man soll die Finger von Pickeln lassen – wenn man ein dickes Horn auf der Stirn hat, kann man sich nur schwer zusammenreißen. Allerdings sollte man erst dann »operieren«, wenn der Pickel wirklich reif, das heißt oberflächlich sichtbar (»Whitehead«) ist. Dann die Haut vorher reinigen und aufweichen, am besten durch eine heiße Dusche oder den Gang in die Badewanne. Anschließend die Fingernägel mit einem Papiertaschentuch abdecken und versuchen, den Pickel vorsichtig auszudrücken. Bloß nicht zu viel Druck auf die Haut ausüben oder quetschen – ansonsten entstehen rote Flecken oder sogar Wunden. Statt der Nägel kann man eine Lanzette als Stechhilfe einsetzen, die es in der Apotheke zu kaufen gibt. Wenn sich selbst dann noch nichts tut, sollte man wirklich die Finger von dem Pickel lassen, weil er noch nicht reif ist oder zu tief unter der Haut liegt. Wichtig ist, abschließend die Haut zu desinfizieren und mit einer Zinkcreme der Entzündung entgegenzuwirken.
Auch gut: Anti-Pickelstift mit Teebaumöl.

3

FRANKENSTEIN-FUSSNAGEL

Blaue oder sogar deformierte Fußnägel bekommt man von zu engen Jogging-schuhen oder beim Fußballspielen, wenn man mal wieder so richtig schön gefoult wurde. Wenn der Fußnagel blitzeblau ist, handelt es sich um einen Bluterguss, den man einem Podologen zeigen sollte – die medizinische Fußpflege sorgt dafür, dass der neue Nagel wieder gesund nachwächst. Eventuell muss der alte Nagel vorher gezogen werden, aber das nur nebenbei.

4

SCHUPPEN

»Leise rieselt der Schnee ...« – es ist echt fies, was die Leute über Menschen mit Schuppen denken. Es ist nicht schlimm, Schuppen zu haben, es ist nur schlimm, nichts dagegen zu unternehmen. Im Zweifelsfall sollte sich ein Hautarzt Ihren Kopf anschauen. Wenn eine Erkrankung ausgeschlossen werden kann, liegt die Ursache für Schuppen meist darin, dass die Kopfhaut ausgetrocknet ist und/ oder ein Hefepilz auf dem Kopf sein Unwesen treibt. Schuppenshampoos enthalten Wirkstoffe, welche die Haut mit Feuchtigkeit versorgen und pilzhemmend wirken. Die Eigenmarken der Drogerieketten oder Naturkosmetikanbieter schneiden in Tests übrigens meist besser ab als die aus Funk und Fernsehen bekannten Shampoos. Schauen Sie mal, was bei dm, Rossmann oder Budnikowsky so in den Regalen steht und mit dem Öko-Test-Siegel ausgezeichnet ist. Wenn möglich, sollte man auf unnötige Chemiekeulen verzichten. Vor allem, wenn man sich das Zeug auf den Kopf schmiert.

5

OHRENHAARE

Entweder sie wachsen in Büscheln auf diesem kleinen Knorpel oder kriechen einzeln aus den Tiefen der Ohrmuschel ans Tageslicht. Zu Beginn kann man die Härchen mit Schere und Pinzette in Schach halten, früher oder später lohnt die Investition in einen elektrischen Nasenhaarschneider, mit dem man die Ohrenhaare und Augenbrauen (Stichwort »Monobraue«) gleich mit stutzen kann. Jede bekannte Elektromarke hat einen Haartrimmer im Angebot. Spezialisten für haarige Schönheitsfehler sind übrigens türkische Barbiere. Sie bieten vielleicht nicht immer das schönste Ambiente, beherrschen ihr Handwerk aber grandios. Bei einer Rasur oder einem Haarschnitt ist die Entfernung der Nasen- und Ohrenhaare meist inklusive – und zwar kommentarlos.

SPRÖDE LIPPEN

Aufgesprungene Lippen – auch das muss nicht sein. Es gibt so viele tolle Pflegeprodukte, die nicht rosa sind und die Sie ganz unauffällig in Ihrer Jackentasche verstecken können. Vor allem im Winter machen Kälte und trockene Heizungsluft der dünnen Haut auf den Lippen zu schaffen, weil sie, anders als überall sonst am menschlichen Körper, keine Talgdrüsen hat. Unsere Lippen brauchen also Pflege von außen. Denken Sie immer daran, dass Ihr Mund nicht nur der Nahrungsaufnahme dient, sondern auch eine erogene Zone ist. Sei es ein heißer Kaffee oder ein Kuss: Beides schmeckt besser, wenn die Lippe nicht in Fetzen hängt.

7

RAUE FERSEN

Haben Sie das Wort »Bimsstein« schon mal gehört? Das ist keine Zauberrequisite aus einem Harry-Potter-Film, sondern ein Stein, mit dem man die Hornhaut von den Füßen wegschrubben kann. Noch ein Trick, der über Nacht funktioniert: Duschen, die Füße dick mit einer Fettcreme einreiben, Socken drüber und ab ins Bett. Alles, was am nächsten Morgen nicht weich ist, sollte bei einer Pediküre entfernt werden.

8

EINGERISSENE NAGELHAUT

Es tut weh und sieht unappetitlich aus. Abrupfen, schneiden oder knabbern ist keine gute Idee – dadurch wird die Sache nur schlimmer. Die meisten Handcremes pflegen die Nagelhaut gleich mit. Achten Sie beim Kauf auf eine reichhaltige, aber nicht fettende Rezeptur. Ansonsten gibt es Spezialprodukte extra für die Nagel-haut (»Cuticle Cream«), die mehr Fett enthalten und einmassiert werden müssen.

9

AUGENRINGE

Keinem Kerl steht es, wenn er aussieht, als hätte er die Nacht durchgemacht. Zumindest nicht auf Dauer. Gegen Augenringe helfen Augencremes, auf denen der Zusatz »Anti-Fatigue« steht. Inhaltsstoffe wie Koffein, Algenextrakte oder Magnesium regen den Stoffwechsel an, Schwellungen werden gelindert und die Haut entknittert. Das Ergebnis: Die Partie rund um die Augen sieht frischer aus.

10

VERFÄRBTE ZÄHNE

Die schlechte Nachricht: Wenn Sie Kette rauchen und am Tag zwei Kannen Earl Grey trinken, wird das mit weißen Beißerchen nichts. Außerdem ist es normal, dass die Zähne im Alter gelblicher werden, weil sich der helle Zahnschmelz abbaut. Von Weißmacher-Zahncremes darf man deshalb keine Wunder erwarten, aber was in jedem Fall einen »Vorher-nachher-Effekt« hat, ist die professionelle Zahnreinigung. Wer mit dem Ergebnis nicht zufrieden ist, kann die Zähne von einem Fachmann bleachen lassen. Ohne zahnärztliche Kontrolle vorab geht das allerdings nicht.

FALTEN

Denken Sie doch mal an George Clooney, Brad Pitt oder Sean Penn. Je älter diese Männer werden, desto mehr feiert man ihr gutes Aussehen. Nicht dass wir uns falsch verstehen: Selbstverständlich gilt es der vorzeitigen Hautalterung vorzubeugen, denn man hat ja nur eine, und die muss bis ans Lebensende halten. Aber kommen Sie niemals auf die Idee, das Gesicht liften zu lassen. Googeln Sie mal »Plastic Surgeries Gone Wrong« – das kuriert Sie hoffentlich!

In Sachen Duft gilt: einer
für den Sommer, einer für
den Winter – aber bitte
nicht darin baden, sondern
immer schön sparsam
verwenden. »Pftpft«: zwei
Sprühstöße reichen.

DÜFTE – PARFÜMS FÜR MÄNNER

Hier geht es darum, den Eigengeruch in einen Wohlgeruch zu verwandeln. Denn die Wirkung eines gut riechenden Mannes auf sein Gegenüber ist nicht zu unterschätzen.

Parfüms sind ein sehr kompliziertes und komplexes Thema. Schon der Einstieg ist verwirrend. Da ist von Kopf-, Herz- und Basisnoten die Rede, und die können frisch, holzig, grün, würzig, orientalisch, moosig, herb oder ledrig riechen. Also: Die Kopfnote ist das, was wir zuerst wahrnehmen. Wenn sie nach etwa fünf bis zehn Minuten verfliegt, entfaltet sich die Herznote, die dann in die Basisnote übergeht. Die Fachsimpelei ist allerdings eher was für Supernasen – als normaler Mensch kann man die feinen Nuancen von Moschus, Vetiver oder Amber meist gar nicht eindeutig heraus- schnüffeln. Muss man auch nicht.

Parfüm ist ohnehin etwas sehr Persön- liches. Dabei geht es nicht nur um Ge-

schmack und Vorlieben. Nach dem Auf- tragen verbinden sich die Essenzen und Öle mit dem Eigengeruch eines Menschen, der von der Beschaffenheit der Haut sowie den Ernährungs- und Lebensgewohn- heiten abhängt. Je nachdem, ob man Vega- ner oder Pfeifenraucher ist, entwickelt sich jeder Duft also anders. Vor dem Kauf gilt deshalb unbedingt: Erstmal ein Pröb- chen mit nachhause nehmen und im All- tag ausprobieren. Der eigentliche Duft entwickelt sich erst zwanzig bis dreißig Minuten nach dem Auftragen. Ein gutes Parfüm wird als Wohlgeruch wahrgenom- men. Nicht mehr und nicht weniger.

Um sich zu entfalten, braucht ein Parfüm Wärme. Also trägt der Mann es am besten direkt nach dem Duschen auf

den Hals, hinter dem Ohr oder im Nacken auf. Ein Spritzer auf die Brust schadet nicht. Je fettiger die Haut, desto besser nimmt sie den Duft an, also vorher eincremen. Frisch gewaschenes Haar ist ebenfalls ein guter Duftträger ebenso wie Kleidung aus Naturfasern, zum Beispiel Seide oder Wolle. Achten Sie darauf, dass nicht nur Ihnen der Duft gefällt, sondern auch Ihren Mitmenschen. Dass man einander »gut riechen« kann, ist sowohl im Privat- als auch im Berufsleben wichtig. Sonst heißt es: »Schnell weg, da kommt der alte Stinker!« Überlegen Sie, zu welchem Anlass und zu welcher Jahreszeit das Parfüm zum Einsatz kommen soll. Wer auf Nummer sicher gehen möchte, hat einen Duft für den Sommer und einen für den Winter parat, so wie Thorsten Osterberger (Seite 40) oder Helder Suffenplan (Seite 28). Faustregel: Je später die

Stunde, je kälter das Wetter, desto schwerer darf der Duft sein. Für den Alltag empfiehlt sich ein frisches, spritziges – der Experte würde jetzt vielleicht »aquatisch« sagen – Unisex-Parfüm.

Jedes große Modelabel vergibt Lizenzen für die Parfümherstellung. Individueller und einen Tick spezieller sind die Erzeugnisse von Indie-Marken und Parfümeuren wie Byredo, Escentric Molecules by Geza Schön, Le Labo aus New York, By Kilian des Cognac-Erben Kilian Hennessy oder Sentifique aus Zürich. Klassiker in Sachen Herrenparfüm: Aqua di Parma. Wo man solche Düfte kaufen kann, steht auf Seite 205.

Der Preis für ein Parfüm hängt übrigens nicht nur von dem Label oder Hersteller, sondern vor allem von der jeweiligen Konzentration des in Alkohol enthaltenen Duftöls ab. Je nach Anteil unterscheidet man in etwa die folgenden Produkte: Parfum Intense (bis zu 40% Duftöl), Parfum (etwa 25%), Eau de Parfum (etwa 15%), Eau de Toilette (etwa 10%), Eau de Cologne (etwa 3–5%), After Shave (etwa 4%) oder Splash (etwa 1–3%). Bei Parfüm gilt also: Je höher der Preis, desto mehr bekommt man für sein Geld – und desto sparsamer sollte man mit dem Gebrauch sein!

Parfümflakons – aber nur die feinsten – machen sich immer gut als Deko-Objekt.

MÄNNER & PFLEGE – DIE BESTEN MARKEN, LABELS & ADRESSEN

Zugegeben, das Angebot in Sachen Beauty erschlägt auf den ersten Blick. Seien Sie sich jedoch sicher, dass es sich bei der folgenden Auswahl um Produkte handelt, von denen wir nur Gutes gehört haben oder von deren Wirkung wir uns bereits am lebenden Mann überzeugen konnten.

KOSMETIKLABELS MIT MÄNNERPFLEGE-SORTIMENT:

- Clinique for Men
  www.clinique.de
- Cowshed
  www.cowshedonline.com
- Dermalogica
  www.dermalogica.de
- Kiehl's
  www.kiehls.de
- Paula's Choice
  www.paulaschoice.de

SPEZIELLE SERIEN NUR FÜR MÄNNER:

- Anthony Logistics for Men
  www.anthony.com
- Lab Series
  www.labseries.de
- Zirh
  www.zirh.com

ANGESAGTE NATUR- & PFLANZENKOSMETIK:

- Aesop
  www.aesop.com
- Dr. Hauschka
  www.dr.hauschka.com

- **Grown Alchemist**
  www.grownalchemist.com
- **Korres**
  www.korres-store.de
- **L:A Bruket**
  www.labruket.se
- **Weleda**
  www.weleda.de

VEGAN & OHNE TIERVERSUCHE:

- **Dr. Bronner's**
  www.drbronner.de
- **i+m**
  www.iplusm.berlin
- **The Body Shop**
  www.thebodyshop.de

SCHICKE KAUFHÄUSER:

ALSTERHAUS
Jungfernstieg 16–20
20354 Hamburg
www.alsterhaus.de

APROPOS
Mittelstraße 12
50672 Köln
www.apropos-store.com
(weitere Filialen in Düsseldorf
und München!)

BREUNINGER
Marktstr. 1–3
70173 Stuttgart
www.breuninger.com

DEPARTMENT STORE QUARTIER 206
Friedrichstraße 71
10117 Berlin
www.dsq206.com

KADEWE
Tauentzienstraße 21–24
10789 Berlin
www.kadewe.de

LUDWIG BECK
Marienplatz 11
80331 München
www.ludwigbeck.de

KLEIN, ABER FEIN:

BREATHE COSMETICS
Rosa-Luxemburg-Straße 28
10178 Berlin
www.breathe-cosmetics.com

MDC COSMETIC
Knaackstraße 26
10405 Berlin
www.mdc-cosmetic.com

WHEADON
(siehe auch Interview mit
Nicole Wheadon, Seite 184)
Steinstraße 17
10119 Berlin
www.wheadon.de

BARBIER-SHOPS & -SALONS:

ARISTOCUTZ
Domstraße 36
50668 Köln
www.aristocutz.de

BARBER HOUSE
Pacellistraße 5
80333 München
www.barberhouse.com

BARBIER DA ROBERTO
Gottfried-Claren-Straße 9–11
53225 Bonn
www.barbiere-da-roberto.de

ERIC BARBIER
Ballindamm 36
20095 Hamburg
www.eric-barbier.de

DAVID FECHNER
Edelweißstraße 4
81541 München
www.davidfechner.de

DOUBLE DRAGON
Invalidenstraße 155
10115 Berlin
www.doubledragonberlin.com

JIMMY RAYS BARBER SHOP
Kappengasse 6
90402 Nürnberg
www.jimmyraysbarbershop.de

MARC BENNEMANN
Invalidenstraße 155
10115 Berlin
www.bennemannfriseure.de

MEN ONLY BARBER SHOP
Waldstraße 38
04105 Leipzig
www.menonly-barbershop.de

MEINECKE'S BARBERSHOP
Europa Passage
Ballindamm 40
20095 Hamburg
www.barbershop-hamburg.de

TIMI DER BARBIER
Ludwig-Pfau-Straße 8
70176 Stuttgart
www.timi-der-barbier.de

BEAUTY-ONLINESHOPS MIT »MÄNNERABTEILUNG«:

- **Aus Liebe zum Duft**
  www.ausliebezumduft.de
- **Beautylane**
  www.beautylane.de
- **Feel unique**
  www.feelunique.com

NUR FÜR MÄNNER:

- **Der gepflegte Mann**
  www.dergepflegtemann.de
- **Heldenlounge**
  www.heldenlounge.de

- **KosMENtik**
  www.kosmentik.de
- **M Care**
  www.mcare.de
- **Men Corner**
  http://de.mencorner.com
- **Niche Men**
  www.niche-men.com
- **Tonsus**
  www.tonsus.com

BARTPFLEGE UND RASUR:

- **Meißner Tremonia**
  www.meissner-tremonia.de
- **Mühle Shaving**
  www.muehle-shaving.com
- **OAK**
  www.oakbeardcare.com

DAY SPAS & THERMEN:

- **Cowshed Spa im
  Soho House, Berlin**
  www.sohohouseberlin.com
- **Das Stue Spa, Berlin**
  www.das-stue.com
- **Day Spa, Hamburg**
  www.dayspa-hamburg.de
- **Face and Body, München**
  www.faceandbody.de
- **Just Pure Day Spa, München**
  www.justpure.de
- **Mediterana, Köln**
  www.mediterana.de
- **Ovid, München**
  www.ovid-muenchen.de

- **Vabali, Berlin**
  www.vabali.de

WELLNESS-HOTELS:

- **Arosa Resort, Bad Saarow**
  www.resort.a-rosa.de
- **Budersand, Sylt**
  www.budersand.de
- **Brenner's Park Hotel & Spa,
  Baden-Baden**
  www.brenners.com
- **Das Kranzbach, Krün**
  www.daskranzbach.de
- **Das Tegernsee, Tegernsee**
  www.dastegernsee.de
- **Dünenmeer, Ostseebad Dierhagen**
  www.duenenmeer.com
- **Gut Klostermühle,
  Madlitz-Wilmersdorf**
  www.gut-klostermuehle.com
- **Hotel zur Bleiche,
  Burg im Spreewald**
  www.bleiche.de
- **Schloss Elmau, Krün**
  www.schloss-elmau.de
- **Wald & Schlosshotel
  Friedrichsruhe, Zweiflingen**
  www.schlosshotel-friedrichsruhe.de

MÄNNER &
WOHNEN

———

WENN EIN KERL SEHR BUSY IST, HAT ER ANDERE PRIORITÄTEN, ALS HÜBSCHE KISSEN FÜR SEIN SOFA AUSZUSUCHEN. ER BESCHRÄNKT SICH AUF DAS WESENTLICHE. SELBST WENN ER EINEN ÄSTHETISCHEN ANSPRUCH HAT, BLEIBT DIE WOHNUNG EHER »MINIMALISTISCH« UND DAMIT PFLEGELEICHT. ABER MIT DER ZEIT KANN MAN HIER UND DA JA DOCH MAL WAS VERÄNDERN!

1. STIL

»Wie will ich wohnen?« – Haben Sie sich diese Frage noch nie gestellt? Dann wird es höchste Zeit. Puristisch-skandinavisch, industriell-rustikal, bohémien-nostalgisch – es gibt unzählige Stilrichtungen. Das macht die Sache nicht einfacher, stimmt. Aber man kann Rückschlüsse ziehen, von der Kleidung, dem Beruf oder seinen Hobbys auf den eigenen Wohnstil. Die Frage ist dann nicht nur: »Wie will ich wohnen?«, sondern vielmehr: »Was für ein Typ bin ich?« Wenn Sie gar keinen Plan haben, lassen Sie sich erst einmal von Magazinen und Blogs inspirieren und entscheiden dann (Blogs & Magazine, Seite 239).

2. BASICS

Ähnlich wie bei den Klamotten gilt es, sich in Sachen Wohnen eine Grundausstattung von guter Qualität zuzulegen (Designklassiker, Seite 220). Heißt: Beim Sofa auf hochwertige, aber robuste Stoffe achten, das Bettgestell mit einem stabilen Lattenrost ausstatten und dazu eine rückenfreundliche Matratze kaufen und in einen Kleiderschrank investieren, der mindestens zwei Umzüge unbeschadet übersteht, ohne dass die Rückwand und alle Schrauben rausfallen. Einen soliden Hausstand kann man sich natürlich nicht mit einem Schlag zulegen, vor allem nicht, wenn man Student ist. So wären ein großer Esstisch für Freunde und Familie sowie hohe Regale, die nicht nur als Stauraum, sondern zur Präsentation von Büchern und Dekorationselementen dienen, irgendwann schön zu haben – aber alles zu seiner Zeit. Es gilt: Bloß nicht alles in demselben Laden kaufen. Der Mix aus Alt und Neu, also Omas Kommode neben der Designercouch in zeitlosem Grau-Beige, hat am meisten Charme.

3. FARBEN

Das klingt jetzt nach Deko-TV-Sendung, aber überlegen Sie sich für jeden Raum ein Farbkonzept. Das könnte zum Beispiel so aussehen: für das Wohnzimmer Himmelblau-Zitrone kombiniert mit Eichenholz, im Badezimmer nur Dunkelblau und Weiß, und in der schwarzweißen Küche setzt poppiges Orange einen Akzent. Das Farbkonzept hilft Ihnen, den Einkauf schneller zu erledigen, und ergibt hinterher mit großer Wahrscheinlichkeit ein

Liefert wirklich schöne Blumen nach Hause:
BLOOMY Days.

4. LICHT

Die nackte Glühlampe an der Decke ist beim Einzug noch o.k., aber wenn sie ein halbes Jahr später immer noch da hängt, müssen Sie etwas unternehmen. Licht ist ein entscheidender Gemütlichkeitsfaktor. Vor allem indirektes Licht bringt Stimmung in die Bude. Was bedeutet das? Keinen Flutlichtstrahler installieren, sondern kleine Lampen in verschiedenen Ecken aufstellen. Ein Wohnzimmer braucht eine zentrale Deckenlampe, eine Stehlampe neben dem Sofa und eine kleine Tischlampe auf dem Sideboard oder Regal.

5. BLUMEN

Die Auswahl von Blumendekoration gilt nicht unbedingt als typisch männliche Disziplin, anders als Grillen oder Fußballgucken. Zum Teufel mit den Klischees! Es schadet nicht, im Frühjahr ein paar Tulpen oder sprießende Zweige auf den Tisch zu stellen. Im Sommer macht ein bunter Strauß Wildblumen was her. Sie können auch Ihrem Faible für Zimmerpflanzen frönen. Laut Feng-Shui-Lehre erhöhen Monstera deliciosa & Co. in geschlossenen Räumen die Lebensenergie Chi. Sogar Kakteen erleben ein Comeback. Stellen Sie Blumen und Pflanzen auf Fensterbänke, Ess- und Schreibtisch sowie ins Badezimmer und in die Küche.

harmonisches Gesamtbild. Faustregel von Interior-Experten: Nie mehr als drei Farben in einem Raum kombinieren. Und bei großen Möbelstücken wie Sofa oder Schrank immer auf neutrale Farben setzen. Dann kann man das Interieur mit Kissen, Kerzen, Vasen oder Teppichen immer wieder neu in Szene setzen. Wenn Sie noch nicht so genau wissen, welche Farben Ihnen gefallen: Viele Möbelläden bieten an, Teppiche und Kissenbezüge zur Ansicht über Nacht auszuleihen.

Bilder, sei es ein Ölschinken oder ein spektakuläres Urlaubsfoto, für das Sie einen hübschen Rahmen besorgen oder es auf Alu-Dibond ziehen. Lieber nicht: ein Obi-Wan-Kenobi-Pappaufsteller im Flur. Da erschrecken sich Ihre Gäste ja zu Tode!

7. ORDNUNG

Sie kennen doch das Sprichwort »Ordnung ist das halbe Leben!«. Auch wenn Sie es hassen: In einem großen Wäschekorb kann man Dreckwäsche fürs Erste verschwinden lassen. Dann wird alles gewaschen und getrocknet. Anschließend gibt es Wäschefalter-Hilfen wie Dr. Fold, nach deren Einsatz die Stücke perfekt und glatt im Schrank verstaut werden können. Da gibt es keine Ausreden. Wäschemachen ist keine Raketenwissenschaft. Hinter einem Sideboard kann man gut technische Geräte mit vielen Kabeln verstecken, sei es der DVD-Player oder die Playstation. Für den Papierkram braucht man eine Ablage mit mehreren Fächern, die entweder im Regal oder auf dem Schreibtisch steht. Für Auto- und Fußballzeitungen empfiehlt sich ein Zeitschriftenständer oder Korb. Einmal im Jahr sollte man ausmisten – die Lieblingsausgaben kann man zu einem dekorativen Stapel auf dem Boden aufschichten.

6. DEKO

Wenn Sie in diesem Jahr Weihnachten den Christbaum wieder mit CD-Rohlingen dekorieren möchten, bitte sehr. Dass es so etwas wie Christbaumkugeln, Strohsterne oder Holzarbeiten aus dem Erzgebirge gibt, wissen Sie ja bestimmt. Ansonsten gilt es, die jahreszeitliche Dekoration pünktlich wieder abzubauen – nichts ist trauriger als ein vertrockneter Weihnachtsbaum im Februar – und entsprechend dem zuvor festgelegten Farbkonzept ein paar Deko-Elemente anzuschaffen. Dazu zählen nicht nur Kissen, Vasen oder Kerzen, sondern auch Vorhänge und

CHECKLISTE: 10+1 DINGE, DIE JEDER MANN IM HAUS HABEN SOLLTE:

1. ZEHN GLÄSER OHNE SPRUNG 2. GESCHIRR UND BESTECK FÜR 4–6 PERSONEN, IDEALERWEISE IN ÄHNLICHER FARBE ODER IN EINEM DEKOR 3. MEERSALZ & PFEFFERMÜHLE 4. FLASCHENÖFFNER FÜR KRONKORKEN UND KORKEN 5. NÜSSE UND DUNKLE SCHOKOLADE ZUM KNABBERN 6. TOMATEN IN DER DOSE, GUTES OLIVENÖL UND PARMESAN FÜR EIN PAAR SCHNELLE SPAGHETTI 7. 4 KLEINE HANDTÜCHER, 4 GROSSE HANDTÜCHER, AM BESTEN IN EINER FARBE 8. HANDSEIFE 9. 2 MAL 2 BETTWÄSCHE IN HELLEN FARBEN 10. SPIELEKLASSIKER (KARTEN, KNIFFEL, BACKGAMMON, MENSCH ÄRGERE DICH NICHT, MONOPOLY) +1 HAUSBAR MIT EINER KLEINEN, ABER FEINEN AUSWAHL AN SPIRITUOSEN

»EIN ÄHNLICHER GESCHMACK IST EINE WESENTLICHE VORAUSSETZUNG FÜR EINE BEZIEHUNG.«

ANGELIKA TASCHEN, *Verlegerin und Interior-Expertin* – *www.angelikataschen.com*

Was kommt dir bei dem Stichwort »Junggesellenbude« sofort in den Sinn?

Technik! Die allentscheidende Ausstattung sind große Lautsprecher und die Musikanlage. Da wird viel Wert auf Marken und auf Angebertum gelegt. Ich höre ehrlich gesagt keinen Unterschied zwischen einer einfachen und einer guten Anlage, aber für manche Männer ist das genauso wichtig wie die PS-Zahl unter der Motorhaube. Außerdem mögen Männer gerne Chrom, Glas und schwarzes Leder. Fieser Teppichboden kommt auch oft vor. Leider wirkt so eine Wohnung oft ein bisschen hart oder sogar bedrückend.

Damit sind wir schon mittendrin im Thema! Welche Fehler machen Männer bei der Einrichtung noch?

An sich sind das keine Fehler – wenn Männer so wohnen wollen, ist das völlig o.k. Das Problem ist nur, wenn eine Frau die Wohnung betritt, die sich weder für die Anlage noch für den Beamer interessiert. Männer sind wie Pfauen, die ihr schönes Rad schlagen wollen – aber der Nestbau ist nach wie vor eine eher weibliche Angelegenheit: schöne Möbel aussuchen, Blumen hinstellen, Kerzen anzünden und so weiter.

Findest du es o.k., wenn eine Frau die Bude von ihrem neuen Freund komplett umstylt, so von wegen »Wir machen es hier mal ein bisschen gemütlicher!«?

Nein, das finde ich nicht o.k. Man kann Anregungen für den Kauf eines neuen Sofas geben, das nicht aus schwarzem Leder besteht, aber ich finde nicht, dass man eingreifen darf. Wohnen ist sehr intim. Das ist ja das Frappierende: Ich habe schon Männer kennengelernt, die klamottentechnisch einen guten Stil haben, aber ihr Bett mit lila-petrolfarbener Wäsche beziehen.

Warum ist es für Frauen so wichtig, wie Männer wohnen?

Ein gemeinsamer oder zumindest ähnlicher Geschmack ist eine Grundvoraussetzung für eine Beziehung. Ein guter Geschmack hat nicht nur mit der Oberfläche zu tun – selbst für so Augenmenschen wie mich. Ich merke es sofort, wenn etwas aus der Zeitung nachgemacht ist. Authentizität – und zwar auf allen Ebenen – ist das Allerwichtigste. Zum Entwickeln eines eigenen Stils braucht man viel Zeit und viel Energie, weil man sich mit den Dingen und deren Hintergründen beschäftigen muss. Ich kenne übrigens auch einen Mann, der zu seiner Flamme nachhause gegangen ist und dort bunte Bettwäsche vorgefunden hat. Da hat er dann gesagt: »Tut mir leid, aber das halte ich nicht aus!«

Mit deiner Firma »Angelika Interiors« berätst du sowohl Privatleute als auch Hotels. Was würdest du einem Mann empfehlen, der seine Junggesellenbude verschönern möchte?

Ich würde auf keinen Fall versuchen, ihm meinen Geschmack aufzudrücken, sondern hören, wie sein Tagesablauf aussieht und wann er sich wo gerne aufhält. Man kann extrem viel über Materialien machen – zum Beispiel einen Filz- oder Leinenvorhang in Grau- oder Naturtönen aufhängen. Von mir aus geht auch ein Ledersofa, das nicht diese speckig schwarze Oberfläche hat. Offenporiges Leder in Naturtönen ist viel schöner. Und es gibt einige Alternativen zu einem Couchtisch mit einer Glasplatte.

Wie sieht es mit Designklassikern aus?

Es gibt keinen Mann, der nicht auf den klassischen Lounge Chair von Charles Eames steht. Ich habe das Thema Eames und Mid Century Modern ein bisschen über, aber es lohnt sich immer, in einen echten Designklassiker zu investieren, bevor man drei IKEA-Sofas durchnudelt. Wenn ein Sofa sowohl eine gute Polsterung als auch Federung hat, kann es Jahrzehnte halten – man muss es nur neu beziehen.

Wie jetzt: Überall sieht man Eames-Möbel, aber deiner Meinung nach sind sie out?

Nein, nein – das ist nur mein persönliches Ding. Ich mag nicht das, was alle haben, und will keinem Diktat folgen, so wie Kunstsammler, die alle Möbel von Jean Prouvé kaufen. Ich finde zeitgenössisches Design interessant, zum Beispiel die Entwürfe der beiden Brüder Ronan & Erwan Bouroullec oder Fernando & Humberto Campana, die man in der Galerie Kreo in Paris oder London anschauen kann. Ich liebe auch die Möbel von Rick Owens, die mir eher maskulin erscheinen, nicht zu vergessen die Galerie Established & Sons.

Möbel in einer Galerie kaufen – das hört sich ziemlich hochpreisig an?

Man muss es wie in der Mode machen und teuer mit günstig mixen, so wie man einen tollen Pullover zu einer Topshop-Jeans trägt. Also einen guten Tisch kaufen und drum herum meinetwegen Stühle vom Sperrmüll oder aus einer Kneipe stellen. Man kann auch einen Tisch aus Wasserkisten und einer Steinplatte bauen und stellt daneben Hocker aus Jasper Morrisons »Cork Family«, dessen Stil übrigens sehr einer männlichen Ästhetik entspricht. Solche Accessoires bringen Wärme in den Raum, haben aber trotzdem etwas Maskulines.

Fehlen nur noch ein paar schöne Blumen auf dem Tisch. Aber Deko bekommen Männer oft nicht hin.

Ich protestiere gegen Grundsätze wie »Männer und Blumen gehen nicht«. Bestimmt gibt es Männer, denen es gelingt, mit Chrom, Stahl und schwarzem Leder eine coole Bude einzurichten. Aber es muss durchdrungen und empfunden sein, bloß nicht nachgemacht oder nach nur rein äußerlichen Kriterien beurteilt.

Und was, wenn ein Mann so Klischee-Blumen wie rote Rosen auf den Tisch stellt? Das ist doch total kitschig, findest du nicht?

Es kommt auf die Umgebung an. Wenn jemand eine Wohnung hat, die aus Sichtbeton besteht, und in die Mitte einen schwarz lackierten Tisch mit roten Rosen als Farbtupfer stellt – das kann Hammer aussehen! Ich bin wie gesagt gegen Grundsätze und Klischees: Der Kontext macht's am Ende. Dafür muss man allerdings viel kennen und sich mit Kunst, Design und Architektur beschäftigen, was wiederum Arbeit bedeutet – genau deshalb gibt es Kunstberater und Interior-Designer.

Vorhin hast du Materialien angesprochen: Wie denkst du über Teppiche und Kissen in Männerwohnungen?

Kissen mit Funktion finde ich gut, als Dekoration eher nicht – vor allem Kissenlandschaften wirken oft kleinkariert. Die meisten Sofas haben heute von sich aus Polster, die man sich in den Rücken oder Nacken legen kann. Auch bei Teppichen gilt: Weniger ist schöner, aber für die Gemütlichkeit sind sie punktuell wichtig. Die marokkanischen Berberteppiche, die man jetzt überall wieder sieht, wurden schon von Le Corbusier eingesetzt, weil sie sich überall und zu modernen Möbeln wunderbar einfügen.

Was machen Männer mit ihrem Spielzeug: Playstation, Mountainbikes und Nacktkalender?

Ein Typ, der Nacktkalender aufhängt, ist ab einem gewissen Alter sowieso beratungsresistent – oder er investiert in erotische Kunst. Da weiß man gleich, was für eine Sorte Mann das ist ... Ein schickes Mountainbike im Flur finde ich o.k. und wenn ein Mann gerne Playstation spielt – soll er doch machen! Lieber lässig bleiben und zu sich stehen. Nichts ist schlimmer als ein Krampf.

Angelikas aktuelles Lieblings-
sofa: »Cipria Sofa« von Fernando
und Humberto Campana,
Friso-Kramer-»Result«-Stühle.

DIE JUNGGESELLENBUDE

EIN ESSAY

Dieses Kapitel ist sehr wichtig, wirklich sehr, sehr wichtig. Denn das Klischee von der Junggesellenbude mit schwarzem Ledersofa, eingestaubtem Drachenbaum und Judo-Pokalen im Regal habe ich mir nicht ausgedacht. Alle meine Freunde können eine Geschichte von einem Date erzählen, das in einer komischen Wohnung endete:

ASIATISCHE DEKOFÄCHER AN DER WAND, LICHTERKETTEN IN FORM VON KLEINEN CHILISCHOTEN, GELBE SOFAS AUF BLAUEN TEPPICHEN –

von der Playstation in der Altersgruppe Ü30 beziehungsweise B40 ganz zu schweigen. So manche Bude gleicht einem Ort irgendwo zwischen altem Kinderzimmer (Hochbett, Lavalampe), Sperrmüllsammelstelle (gruselige Schaufensterpuppen) und Aufenthaltsraum eines Jugendzentrums (Tischtennisplatte mitten im Zimmer). Die wenigen Highlights, wie etwa die Pfeffermühle mit Peugeot-Mahlwerk, die seit Jahren ihre Topplatzierung unter den beliebtesten Männergeschenken hält, nützen da wenig.

NICHTS IST SO ABTÖRNEND WIE EIN GUTER TYP

AUF EINEM BETT MIT BORUSSIA-DORTMUND-BETTWÄSCHE.

Dabei ist es so einfach, sein Zuhause mit guten Ideen einzurichten. Die Männer in diesem Buch liefern super Input zum Thema »Schöner Wohnen«. Thorsten Osterberger (Seite 42) hat zwei IKEA-Teppiche zu einem großen Teppich für das Esszimmer zusammengetackert und die Heizung mit weißen Paneelen abgedeckt. Sieht total gut aus und kostet nicht die Welt. Timo Sudmann beweist Kreativität und Humor, indem er eine It-Bag als Blumenvase umfunktioniert (Seite 86). Ein gutes Mittel, um die Atmosphäre aufzulockern, weil man gleich beim Reinkommen ein Gesprächsthema hat. Jonas Rosenbauer (Seite 57) macht es seinen Gästen ebenfalls leicht, sich bei ihm wie zuhause zu fühlen, weil er mit einer Hängematte eine entspannte, ja man könnte schon fast sagen verschmuste Atmosphäre schafft. Es muss herrlich sein, darin ein Buch zu lesen und anschließend ein Nickerchen zu machen. Und Norman Röhlig zeigt, wie man mit einem Handgriff Ordnung in den Kleiderschrank bringt: Statt seine Jeans zu falten und nach Farben zu sortieren, hängt er sie pragmatisch an großen Haken auf (Seite 70). Und wieso nicht die Lieblingsplatten mit Hosenbügeln in Szene setzen, so wie Milen & Amédée Till es machen (Seite 51)?

BETTWÄSCHE IST ÜBRIGENS GANZ SCHLICHT AM BESTEN: WEISS ODER HELL-GRAU AUS BAUMWOLLE ODER LEINEN.

10

DESIGNKLASSIKER, DIE MÄNNER LIEBEN

CHARLES EAMES CHAIR

Egal, ob der berühmte Lounge Chair aus Leder und Palisanderholz oder der Dining Chair aus Fiberglas, irgendetwas von Eames in der Bude sieht immer gut aus. Bestes Beispiel: die Wohnung von Jochen Schropp (Seite 16).

EIERMANN-TISCH

Der zeitlose Entwurf von
Egon Eiermann macht sich
super als Ess- oder Schreibtisch.
Auch mit einer dunklen
Platte in Schwarz oder Grün
sieht er wahnsinnig chic aus.

LA LAMPE GRAS

Schnörkellose Wand- und Stehlampen im
Bauhausstil passen eigentlich zu jeder
Art von Einrichtung und sind darüber
hinaus dank Kugelgelenk auch noch sehr
funktional. Diese Lampe ist einer der
Lieblinge von Bilgen Coskun (Seite 10).

SOFA FRITZ HANSEN PK31

Keine Frage, diese Ledercouch ist
der Ober-Luxus-Kracher. Aber
bei Norman Röhlig (Seite 66) sieht
man deutlich, dass ein tolles
Sofa in Sachen Einrichtung schon
die halbe Miete ist. Also lieber
gleich was Ordentliches kaufen!

CHAIR ONE VON KONSTANTIN GRCIC

Der futuristische Aluminiumstuhl ist das Key Piece schlechthin in jeder Großstadtwohnung und funktioniert hervorragend als Einzelstück, so wie bei Fridolin Schoepper (Seite 22).

ARTICHOKE-LAMPE VON POUL HENNINGSEN

Diese Deckenlampe sieht spektakulär aus und sorgt für tolles Licht. Aber auch hier ist das Preisschild erst einmal ein Schocker. Die günstige Alternative heißt »Norm 69« und ist von Norman Copenhagen.

MID-CENTURY-SIDEBOARD

So ein Schrank aus Nussbaum, Teakholz oder Sen-Esche ist genau das richtige Stilmittel, um in einer Wohnung Alt und Neu zu mixen. Vielleicht findet sich so ein Schätzchen ja auch noch bei den Eltern oder Großeltern auf dem Dachboden?!

UTEN.SILO VON DOROTHEE BECKER BY VITRA

Dieses Plastikregal mit verschiedenen Behältern in unterschiedlicher Form und Größe sorgt in Badezimmer, Küche oder Büro für Ordnung. Uten.Silo ist in zwei Größen und den Farben Weiß, Rot und Schwarz erhältlich.

WECKER VON BRAUN

Dieter Rams war vierzig Jahre lang im Auftrag des Elektrogeräteherstellers Braun kreativ tätig und gilt als Design-Guru. Sein minimalistischer, funktionaler Stil hat den Look der Apple-Geräte maßgeblich beeinflusst, man denke nur an den iPod oder das iPhone. Braun-Geräte genießen deshalb heute einmal mehr Kultstatus.

REGAL VON MÖBEL HORZON

Die Regale von Rafael Horzon aus MDF oder Birkensperrholz sind die einzige und beste Alternative zum Billy-Regal von IKEA. Die Elemente gibt es in verschiedenen Größen, sodass man seine Räume perfekt nutzen kann.

»INTERIOR-MAGAZINE SIND IMMER NOCH DIE BESTE INSPIRATION.«

ANDRÉ M. WYST, *Artdirector und Designer – www.andrewyst.de*

Was würdest du einem Mann raten, der in seinen ersten Designklassiker investieren will: Was für ein Teil sollte er sich zulegen?

Die Leuchte Snoopy von Achille & Pier Giacomo Castiglioni – die bleibt für immer. Und was Mode anbelangt: hochwertige rahmengenähte Lederschuhe, ohne modische Applikationen und ohne zeitgeistigen Shape, nicht zu rund, nicht zu spitz – klingt nicht besonders aufregend, ist aber eine gute Basis für jedes Outfit.

Wie sähe die Wohnung deiner Träume aus? Sprich: Wie will der moderne Mann wohnen?

Wie im Car-Loft, einem Männertraum auf 220 Quadratmetern. Das parkende Auto wird per Fahrstuhl-Plattform zum Teil des Interiors. Diese Wohnutopie steht gerade in Kreuzberg zum Verkauf, für etwa 1,2 Millionen Euro. Nein, im Ernst – Jahrhundertwende-Gründerzeit-Altbauwohnung. Würdevoll und zeitlos, gut kombinierbar mit einer Vielzahl von Möbelgenerationen und Einrichtungsstilen.

Wie und wo informiert der Mann sich am besten über aktuelle Wohntrends?

Interior-Magazine sind immer noch die beste Inspiration – dort tätig sind meist Redakteure mit Geschmack und Kenntnis. Und die hier gezeigten Impulse sind oft langlebiger und wirken nicht so schnell veraltet und »gestrig« wie Blog-Einträge oder Bildergalerien im Web.

Wo kann man gut Möbel kaufen – außer bei IKEA?

Die vielerorts neuen Vintage-Möbel-Händler mit Ladengeschäft sind eine tolle Möglichkeit, weil vorsortiert und kuratiert. Hier nicht auf Namen achten, sondern ganz frei nach Gestaltung entscheiden. Wen hier die Preise schrecken, der sollte bedenken, dass die »guten Stücke« oft aus Vollholz sind und eine ganz andere Qualität aufweisen als alles, was man so in den »Möbelhäusern« bekommen kann.

DIE BESTEN ONLINE-MÖBELSHOPS

SOFAS & MEHR

BOLIA www.bolia.com

CONNOX www.connox.de

DESIGN BESTSELLER www.design-bestseller.de

FASHION FOR HOME www.fashionforhome.de

HABITAT www.habitat.de

IKARUS www.ikarus.de

KOMDO www.komdo.co

MADE IN DESIGN www.madeindesign.de

MAISONS DU MONDE www.maisonsdumonde.com

MARKANTO www.markanto.de

MINIMUM www.minimum.de

WESTWING www.westwing.de

DEKO & CO

FERM LIVING www.de.fermliving.com

LYS VINTAGE www.lys-vintage.com

MINIMARKT www.minimarkt.com

SÜPER STORE www.sueper-store.de

URBAN OUTFITTERS www.urbanoutfitters.com

URBANARA www.urbanara.de

ANGESAGTE MÖBELMARKEN:

HAY www.hay.dk

HARTO www.hartodesign.fr

GUBI www.gubi.dk

MUUTO www.muuto.com

VITRA www.vitra.com

MÖBEL- UND EINRICHTER AUS DEUTSCHLAND:

E15 www.e15.com

JAN KATH www.jan-kath.de

MYKILOS www.mykilos.de

NEW TENDENCY www.newtendency.de

SUPERGRAU www.supergrau.de

KUNST UND BILDER IM INTERNET KAUFEN:

ARTISTS www.artists.de

JUNIQE www.juniqe.com

LUMAS www.lumas.de

TAPPAN COLLECTIVE www.thetappancollective.com

MÄNNER & TRÄUME

NICHTS MACHT SELBST EINEM GUTEN TYPEN MEHR ZU SCHAFFEN ALS DIE ELENDE MIDLIFE-CRISIS. DIE ANTWORT AUF DIE FRAGE »WAR DAS SCHON ALLES?« LAUTET: NATÜRLICH NICHT! ABER MÄNNER BRAUCHEN NICHT NUR TRÄUME, SONDERN ECHTE ABENTEUER. LEIDER ERLEBT MAN DIE WEDER AM KNEIPEN-TRESEN NOCH AN DER PLAYSTATION. DA BEKOMMT MAN NUR EINEN KATER ODER DAUMENSCHMERZEN. DIESE HOBBYS SIND WIRKLICH AUFREGEND!

FISCHEN

Manch einer kann es kaum glauben, aber viele junge Männer sind begeisterte Angler. Den Beweis liefern YouTube-Videos mit Tausenden von Views, in denen Männer auf Klappstühlen im Gebüsch sitzen, in der Hoffnung, dass einer dieser kleinen Barsche, die in dem Teich vor ihnen schwimmen, anbeißt. Selbst wenn sie mit einem leeren Eimer nachhause gehen, ist das nicht schlimm – Hauptsache man ist draußen und stellt sich den Naturgewalten, wie etwa dem Nieselregen. Dann wird stundenlang über den richtigen Köder (Würmer, Teig, Mais) oder die perfekte Länge der Angelschnur gefachsimpelt. Wer wirklich einen guten Fang machen möchte, geht frühmorgens in Warnemünde an Bord eines Fischkutters, wie der MS Zufriedenheit, und fährt raus aufs Meer, um Dorsch zu angeln. Ein Erlebnis, und die volle Tiefkühltruhe ist gesichert! **www.hochseeangeln-warnemuende.de**

BERGSTEIGEN

Allein Wortfetzen wie »Expedition«, »Equipment« oder »drei Wochen nicht duschen« lassen Männer aufhorchen. Reinhold Messner ist deshalb nicht nur Bergsteiger, sondern auch Bestsellerautor. Jeden Gipfel hat er schon bezwungen, sei es der Aconcagua oder der Mount Everest, wobei das Himalaya-Gebirge nach wie vor am meisten Faszination ausübt. Das ist echt weit oben, immerhin heißt die Region »Dach der Welt«. Wer es Reinhold Messner gleichtun möchte: Bergsteigertouren sind heutzutage ebenso gut organisiert wie eine Stadtführung durch Rothenburg ob der Tauber. Sehr renommiert ist der Summit Club, quasi das Reisebüro des Deutschen Alpenvereins **www.dav-summit-club.de**. Etwas puristischer ist Amical Alpin **www.amical.de**, hat aber einen ebenso guten Ruf. Beide Unternehmen bieten weltweit Touren und Expeditionen an.

SURFEN

Klar kann man nach Hawaii zum Surfen fahren, aber Indonesien gilt
unter Kennern als das Surfmekka schlechthin, weil es so viele Spots gibt.
Anders als in den USA tritt sich hier auf den über 17000 Inseln keiner auf die Füße.
Bali gilt als erste Anlaufstelle, wobei man sich auf dieser Touri-Hochburg
nicht allzu lange aufhalten sollte. Das wäre so, als wenn man das erste Mal nach
Deutschland käme und nur das Oktoberfest besuchte. Sowohl im Netz
als auch vor Ort in Indonesien findet man leicht Reiseveranstalter,
die »Surfaris« zu kleinen Inseln und entlegenen Paradiesen anbieten.
Noch größer und schöner sind die Wellen auf den Mentawai-Inseln
vor Sumatra. Wer einmal dort war, will immer wieder hin.

MOTOCROSS-FAHREN

Mit der Vespa zur Arbeit zu knattern, führt zu einem neuen Lebensgefühl
auf zwei Rädern. Beim Motocross kommt noch ein entscheidender Attraktivitäts-
faktor hinzu: Dreck. Sicher: Es geht vor allem darum, Wettrennen zu fahren
und hohe Sprünge zu machen. Aber wenn die Reifen in einer Schlammpfütze
durchdrehen, dann schaut man hinterher in die zufriedenen Gesichter von
Männern, denen die braune Kruste bis zur Nasenspitze reicht. In fast jeder Region
gibt es sowohl Motocross-Schulen als auch Event- und Reiseveranstalter,
die Lehrgänge anbieten. Gute Adressen sind Marco Dorsch **www.tricks-skills.de**
oder der ehemalige Stuntman und deutsche Bungee-Jumping-Pionier
Jochen Schweizer **www.jochen-schweizer.de**.

BIER BRAUEN

Der Traum, als Selbstversorger zu leben, bedeutet bei Frauen, einen eigenen Gemüsegarten zu hegen, bei Männern, das eigene Bier zu brauen. Und siehe da: Getreu der alten Regel, dass Nachfrage das Angebot bestimmt, gibt es jetzt Brauseminare, die einem innerhalb von wenigen Stunden beibringen, das eigene »Glückspils« zu brauen. Das ist viel sinnvoller, als seine Zeit in zumeist stinklangweiligen Weinkursen (die Ausnahme: »Geile Weine«) zu vergeuden. Weinkenner gibt es nun wahrlich schon genug. Brauseminare bietet beispielsweise die Brauakademie Bierlieb an.

SCHLAGZEUG SPIELEN

Mit animalischer Kraft hemmungslos auf ein Schlagzeug einzuschlagen, das ist nicht nur der Jugendtraum vieler Männer, sondern baut auch jede Menge Stress ab. Man denke nur an »Das Tier« aus der Muppet Show. Tatsächlich ist Schlagzeugspielen sehr komplex. Der Unterschied zwischen Krach und Musik liegt unter anderem darin, dass man Tempo, Rhythmus und Takt beherrscht. Wer trommeln lernen möchte, sollte unbedingt eine Musikschule besuchen. Allein den Nachbarn zuliebe. Der beste Schlagzeuglehrer, den wir kennen, kommt aus Berlin und ist ein Rockstar: Er heißt Johan Fink, unterrichtet in der Drumschool Berlin und ist Teil der Band Cannibal Koffer.

BAGGER FAHREN

Die Faszination von Männern für Bagger fängt im Kindesalter an: Wie oft
sieht man Eltern, die mit ihren Knirpsen vor einer Baustelle stehen, und der Nach-
wuchs staunt stundenlang, wie ein Bagger Sand oder Schutt auf seine Schaufel
nimmt und mit einem großen Krach ein paar Meter weiter wieder fallen lässt?
Tatsächlich steckt viel Feingefühl in dieser Tätigkeit. Dies ahnend wächst im Herzen
der Jungs der Wunsch, eines Tages einmal selbst in einem Führerhäuschen zu
sitzen und die Hebel zu bewegen. Auf dem Männerspielplatz Baggerado in dem
Örtchen Nickenich in der Eifel wird dieser Traum endlich Wirklichkeit, inklusive
Wettbaggern und Baggerdiplom. **www.baggerado.de**

PLATTEN AUFLEGEN

Früher war der DJ der Einsame in der Ecke, heute sind DJs Popstars, die durch die
Weltgeschichte reisen und absurde Honorare kassieren. Da kann man schon mal
neidisch werden und zu dem Trugschluss kommen, dass man aufgrund seines
»exzellenten« Musikgeschmacks ebenfalls das Zeug zum DJ hätte. Dass allerhand
technisches Knowhow Voraussetzung zur Ausübung dieses Berufs ist, abgesehen
davon, dass man bereit sein muss, erst dann zur Arbeit zu gehen, wenn andere
Leute ins Bett fallen, lernt man in der DJ-Schule oder DJ-Akademie.

10 REGELN AUS DIESEM BUCH + 1

Damit wir uns nicht falsch verstehen –
das sind keine Regeln im Sinne von No-Gos
oder Go-Gos – nein, das sind einfach die besten
Ideen der Protagonisten in diesem Buch noch
einmal auf einen Blick.

1

EINE UNIFORM MACHT DAS LEBEN LEICHTER
TIMO SUDMANN, Seite 84

2

SIE KÖNNEN ALLES TRAGEN, WENN IHRE HALTUNG DAZU PASST
JONAS ROSENBAUER, Seite 57

3

**DEN NEUEN LIEBLINGSPULLI WENN MÖGLICH GLEICH
IN MEHREREN FARBEN KAUFEN!**
VALENTIN VON ARNIM, Seite 81

4

**STATT AUF EINEN IN DIE JAHRE GEKOMMENEN KLASSIKER
LIEBER AUF DAS MODERNE UPDATE SETZEN**
BILGEN COSKUN, Seite 11

5

**KEINE ANGST VOR DRESSCODES – HALTEN SIE SICH DARAN,
ZUMINDEST WENN SIE EINGELADEN WERDEN**
THORSTEN OSTERBERGER, Seite 41

6

**NICHT JEDEN TREND MITMACHEN, LIEBER IN HOCHWERTIGE
KLEIDUNG INVESTIEREN**
JOCHEN SCHROPP, Seite 18

7

GUTER STIL GEHT MIT EINEM GUTEN KÖRPERBEWUSSTSEIN EINHER
NORMAN RÖHLIG, Seite 67

8

WENN BART, DANN GEPFLEGT
FRIDOLIN SCHOEPPER, Seite 23

9

**WER SICH NICHT AUF EINEN LOOK FESTLEGEN WILL, KANN
EIN MATERIAL ODER EINE FARBE ZU SEINEM MARKENZEICHEN
MACHEN, Z.B. DUNKELBLAUE JEANS**
MILEN UND AMÉDÉE TILL, Seite 52

10

**DER HAARSCHNITT EINES MANNES IST IMMER
EIN ENTSCHEIDENDER TEIL DES LOOKS**
SEBASTIAN WARSCHOW, Seite 64

+1

**EIN T-SHIRT SIEHT WIRKLICH AM COOLSTEN AUS,
WENN MAN DARIN GESCHLAFEN HAT** (sagt die Autorin.)

MAN(N) LIEST: BLOGS, MAGAZINE & ZEITSCHRIFTEN

Man muss ja nicht gleich stundenlang im Netz versacken, aber ab und zu ein Blick auf einen Blog oder in ein Magazin, und man ist update. Männer mögen ja gerne Kategorien wie »Die besten ...« oder »Die wichtigsten ...« – gehen Sie davon aus, dass diese Vorschläge alle irgendwie relevant sind.

MÄNNERMODEBLOGS INTERNATIONAL:

- **Bryan Boy**
  www.bryanboy.com
- **He spoke style**
  www.hespokestyle.com
- **I Am Galla**
  www.iamgalla.com
- **Kate loves me**
  www.katelovesme.net
- **Nerd Boyfriend**
  www.nerdboyfriend.tumblr.com
- **Put this on**
  www.putthison.com
- **Street Etiquette**
  www.streetetiquette.com

- **The Modern Man Blog**
  www.themodernmanblog.blogspot.de
- **The Sartorialist**
  www.thesartorialist.com

AUF INSTAGRAM FOLGEN:

- **jaiperdumaveste**
- **johanneshuebl**
- **justinoshea**
- **le21eme**
- **marchettisimone**
- **menwithstyle**

DEUTSCHE BLOGS:

- Dandy Diary
  www.dandydiary.de
- Männerstyle
  www.maenner-style.de
- Starecasers
  www.starecasers.com
- Snobtop
  www.snobtop.com

UNBEDINGT LESENSWERT:

- Business of Fashion
  www.businessoffashion.com

BLOGAZINES:

- Art School Vets
  www.artschoolvets.com
- Fashion Beans
  www.fashionbeans.com
- Gear Patrol
  www.gearpatrol.com
- heldth
  www.heldth.com
- High Snobiety
  www.highsnobiety.com
- Man Got Style
  www.mangotstyle.com
- Whudat
  www.whudat.de

MAGAZINE PRINT & ONLINE:

- 032c
  www.032c.com
- Details
  www.details.com
- Esquire
  www.esquire.com
- Fantastic Man
  www.fantasticman.com
- GQ
  www.gq-magazin.de
- Hypebeast
  www.hypebeast.com
- L'Uomo Vogue
  www.vogue.it/en/uomo-vogue
- Selectism
  www.selectism.com
- Vanity Fair
  www.vanityfair.com
- Wallpaper
  www.wallpaper.com

SPECIAL INTEREST:

- Auto Motor Sport
  www.auto-motor-und-sport.de
- Beef
  www.beef.de
- Blinker
  www.blinker.de

- **National Geographic**
  www.nationalgeographic.de
- **Rolling Stone**
  www.rollingstone.de
- **The Weekender**
  www.the-weekender.com
- **Wired**
  www.wired.de

DESIGN & MEHR:

- **Artisan Magazin**
  www.artisanmagazin.de
- **Co.Design**
  www.fastcodesign.com
- **Cool Hunting**
  www.coolhunting.com

- **Freunde von Freunden**
  www.freundevonfreunden.com
- **Ignant**
  www.ignant.de
- **It's Nice That**
  www.itsnicethat.com
- **Stilsucht**
  www.stilsucht.de
- **Super Future**
  www.superfuture.com

NACHTRAG: NOCH EIN TOLLER MÖBELSHOP:

- **Iconist**
  www.iconist.de

ALEXA VON HEYDEN

ist Modejournalistin und Autorin.
Ihr Blog heißt *Alexa Peng*, außerdem ist sie
Autorin von *Journelles.de*, einem der ein-
flussreichsten deutschen Modeblogs.
2013 erschien ihr Debütroman *Hinter dem
Blau*, ein Jahr später *Meine Sonne. Mein
Mond. Meine Sterne*. Gemeinsam mit
Angelika Taschen verfasste sie *Der Berliner
Stil*, der 2013 im Knesebeck Verlag
erschien.

SANDRA SEMBURG

ist Mode- und Lifestyle-Fotografin.
Ihre Liebe zur Fotografie entdeckte sie
während eines Schauspielstudiums
in New York. Heute lebt sie in Berlin und
fotografiert für Magazine wie *Bazaar*
oder *Cover dk*, Kampagnen für *Zara.com*
und *P&C*. Ihr Blog heißt *aloveisblind.com*.
Die Fotografien des im Knesebeck Verlag
erschienenen Buches *Der Berliner Stil*
stammen von ihr.

Deutsche Originalausgabe
Copyright © 2015 von dem Knesebeck GmbH & Co. Verlag KG, München
Ein Unternehmen der La Martinière Groupe

Gestaltung: Leonore Höfer, Knesebeck Verlag
Herstellung und Satz: VerlagsService Dietmar Schmitz GmbH, Heimstetten
Litho: Reproline mediateam GmbH, München
Druck: fgb – Proost Industries, Freiburg
Printed in Germany
ISBN 978-3-86873-818-6

Alle Abbildungen außer den im Folgenden genannten © Sandra Semburg.
Abbildung Seite 220 und 223 oben: © Vitra; 221 oben: © Richard Lampert, Stuttgart;
S. 221 © La Lampe Gras; S. 221 unten: © Republic of Fritz Hansen;
S. 222 oben: © Konstantin Grcic Industrial Design, Fotograf: Tom Vack;
S. 222 Mitte: © Louis Poulsen; S. 222 unten: privat;
S. 223 Mitte: © BRAUN; S. 223 unten: © MOEBEL HORZON